大连理工大学管理论丛

战略视角下的企业
社会责任信息披露研究

齐丽云　郭亚楠　著

国家社会科学基金（17BGL261）
国家自然科学基金（71202105）
教育部人文社会科学研究项目（16YJC630095）　　　　资助
辽宁省教育厅一般项目（W2014022）

科学出版社
北　京

内 容 简 介

本书由企业社会责任信息披露概述、企业社会责任的发展趋势——基于 GRI 指南的分析、企业社会责任信息体系的构建、基于意义建构的企业社会责任驱动因素、企业社会责任信息披露的系统动力学模型构建五部分构成。本书将探究企业社会责任信息披露问题作为出发点，基于系统动力学方法，首先对企业社会责任的内涵进行梳理，对企业社会责任的发展趋势进行描述，其次基于 ISO 26000 与 GRI 4.0 标准进行企业社会责任信息体系的构建，探究企业社会责任的驱动因素，最后构建企业社会责任信息披露的系统动力学模型，并提出改善企业社会责任信息披露的意见与建议，整个过程以企业社会责任信息披露作为主线推动，希望能够为企业社会责任信息披露方面的深入研究做出一定程度的贡献。

本书适合企业管理者、企业社会责任实践者、企业社会责任研究者、政府相关管理部门以及相关专业的研究人员阅读。

图书在版编目（CIP）数据

战略视角下的企业社会责任信息披露研究 /齐丽云，郭亚楠著. —北京：科学出版社，2017.9
（大连理工大学管理论丛）
ISBN 978-7-03-054364-6

Ⅰ. ①战… Ⅱ. ①齐…②郭… Ⅲ. ①企业责任–社会责任–信息管理–研究–中国 Ⅳ. ①F279.2

中国版本图书馆 CIP 数据核字（2017）第 215825 号

责任编辑：马 跃 李 莉 /责任校对：王晓茜
责任印制：吴兆东 /封面设计：无极书装

科 学 出 版 社 出版
北京东黄城根北街 16 号
邮政编码：100717
http://www.sciencep.com

北京厚诚则铭印刷科技有限公司 印刷
科学出版社发行 各地新华书店经销

*

2017 年 9 月第 一 版 开本：720×1000 1/16
2019 年 1 月第二次印刷 印张：9 3/4
字数：198 000
定价：62.00 元
（如有印装质量问题，我社负责调换）

丛书编委会

编委会名誉主任　　王众托
编委会主任　　　　苏敬勤
编委会副主任　　　李延喜　李文立
编委会委员（按姓氏笔画排序）

王尔大　王延章　王国红　朱方伟　仲秋艳
任曙明　刘凤朝　刘晓冰　安　辉　苏敬勤
李文立　李延喜　迟国泰　陈艳莹　胡祥培
秦学志　原毅军　党延忠　郭崇慧　逯宇铎
董大海　戴大双

总　序

编写一批能够反映大连理工大学管理学科科学研究成果的专著，是几年前的事情了。这是因为大连理工大学作为国内最早开展现代管理教育的高校，早在1980年就在国内率先开展了引进西方现代管理教育的工作，被学界誉为"中国现代管理教育的先驱，中国 MBA 教育的发祥地，中国管理案例教学法的先锋"。大连理工大学管理教育不仅在人才培养方面取得了丰硕的成果，在科学研究方面同样取得了令同行瞩目的成绩。例如，2010 年时的管理学院，获得的科研经费达到 2 000万元的水平，获得的国家级项目达到 20 多项，发表在国家自然科学基金委员会管理科学部的论文达到 200 篇以上，还有两位数的国际 SCI、SSCI 论文发表，在国内高校中处于领先地位。在第二轮教育部学科评估中，大连理工大学的管理科学与工程一级学科获得全国第三名的成绩；在第三轮教育部学科评估中，大连理工大学的工商管理一级学科获得全国第八名的成绩。但是，一个非常奇怪的现象是，2000 年之前的管理学院公开出版的专著很少，几年下来却只有屈指可数的几部，不仅与兄弟院校距离明显，而且与自身的实力明显不符。

是什么原因导致这一现象的发生呢？在更多的管理学家看来，论文才是科学研究成果最直接、最有显示度的工作，而且论文时效性更强、含金量也更高，因此出现了不重视专著也不重视获奖的现象。无疑，论文是重要的科学研究成果的载体，甚至是最主要的载体，但是，管理作为自然科学与社会科学的交叉成果，其成果的载体存在方式一定会呈现出多元化的特点，其自然科学部分更多的会以论文等成果形态出现，而社会科学部分则既可以以论文的形态呈现，也可以以专著、获奖、咨政建议等形态出现，并且同样会呈现出生机和活力。

2010 年，大连理工大学决定组建管理与经济学部，将原管理学院、经济系合并。重组后的管理与经济学部以学科群的方式组建下属单位，设立了管理科学与工程学院、工商管理学院、经济学院以及 MBA/EMBA 教育中心。重组后的管理与经济学部的自然科学与社会科学交叉的属性更加明显，全面体现学部研究成果的重要载体形式——专著的出版变得必要和紧迫了。本套论丛就是在这个背景下产生的。

本套论丛的出版主要考虑了以下几个因素：第一是先进性。要将学部教师的最新科学研究成果反映在专著中，目的是更好地传播教师最新的科学研究成果，为推进管理与经济学科的学术繁荣做贡献。第二是广泛性。管理与经济学部下设的实体科研机构有 12 个，分布在与国际主流接轨的各个领域，所以专著的选题具有广泛性。第三是纳入学术成果考评之中。我们认为，既然学术专著是科研成果的展示，本身就具有很强的学术性，属于科学研究成果，有必要将其纳入科学研究成果的考评之中，而这本身也必然会调动广大教师的积极性。第四是选题的自由探索性。我们认为，管理与经济学科在中国得到了迅速的发展，各种具有中国情境的理论与现实问题众多，可以研究和解决的现实问题也非常多，在这个方面，重要的是发动科学家按照自由探索的精神，自己寻找选题，自己开展科学研究并进而形成科学研究的成果，这样的一种机制一定会使得广大教师遵循科学探索精神，撰写出一批对于推动中国经济社会发展起到积极促进作用的专著。

本套论丛的出版得到了科学出版社的大力支持和帮助。马跃社长作为论丛的负责人，在选题的确定和出版发行等方面给予了自始至终的关心，帮助学部解决出版过程中的困难和问题。特别感谢学部的同行在论丛出版过程中表现出的极大热情，没有大家的支持，这套论丛的出版不可能如此顺利。

大连理工大学管理与经济学部

2014 年 3 月

目　　录

第1章　企业社会责任信息披露概述 ································· 1

　1.1　研究背景与意义 ·· 1

　1.2　企业社会责任的内涵与外延 ·································· 5

　1.3　企业社会责任披露研究评述 ································· 11

　1.4　企业社会责任研究的综合视角 ······························ 18

　1.5　内容安排与主要观点 ·· 22

　1.6　理论基础 ··· 25

第2章　企业社会责任的发展趋势——基于 GRI 指南的分析 ········ 33

　2.1　认识的"单一"到"全面" ·································· 34

　2.2　CSR 的"链化" ·· 36

　2.3　融入战略中去 ··· 40

第3章　企业社会责任信息体系的构建 ···························· 45

　3.1　现有企业社会责任评价体系 ································· 45

　3.2　社会期望主题的界定标准 ··································· 53

　3.3　基于社会期望主题的企业社会责任信息体系构建 ··········· 60

　3.4　企业社会责任信息体系的验证 ······························ 63

　3.5　结果与启示 ··· 74

第4章　基于意义建构的企业社会责任驱动因素 ···················· 78

　4.1　理论框架 ··· 78

　4.2　研究方法 ··· 80

　4.3　壳牌石油企业社会责任意义建构的过程 ······················ 81

　4.4　壳牌石油企业社会责任意义建构过程的驱动因素分析 ········· 84

第 5 章　企业社会责任信息披露的系统动力学模型构建·············· 90

　　5.1　企业社会责任信息披露的概念模型构建·················· 90

　　5.2　企业社会责任信息披露的量化模型构建·················· 104

　　5.3　企业社会责任信息披露的模型模拟和结果讨论·········· 120

参考文献··· 133

第 1 章　企业社会责任信息披露概述

1.1　研究背景与意义

1.1.1　研究背景

近年来，随着美国安然事件、墨西哥湾漏油事件，中国三鹿毒奶粉事件、紫金矿业污染事件、"达芬奇"家具造假事件等的曝光，公众对企业社会责任（corporate social responsibility，CSR）的关注度也空前提升。CSR 的研究始于 Bowen（1953）《商人的社会责任》一书，自此成为一个"兼收并蓄"的领域。20 世纪 70 年代之前对 CSR 的研究主要集中在"企业是否应当承担 CSR"和"CSR 概念的辩论"上。70 年代以后，CSR 才作为学术理论被广泛关注（Gallo，2004）。首先是 Sethi（1975）提出了企业行为的"社会义务、社会责任和社会响应"三阶段模型，将研究注意力从 CSR 概念的讨论转移到企业的社会表现上。之后，Carroll（1979）提出了 CSR 的"经济责任、法律责任、伦理责任和自由决定的责任"金字塔模型，后在 1991 年，Carroll 在研究中将"自由决定的责任"更改为"慈善责任"，得到学术界一致认可，至今广为采用。80 年代，学者开始更多地关注 CSR 工具理论的发展，Aupperle 等（1985）实证探寻了 CSR 与营利性的关系，Wartick 和 Cochran（1985）把 Carroll 的结构进一步拓展为"原则—过程—政策"的模型，表明了 CSR 理论研究向实践应用的发展。90 年代，利益相关者理论、商业伦理理论及企业公民理论等许多新理念的出现使 CSR 研究外延逐渐扩大。21 世纪开始，学术界更多地关注 CSR 的管理应用，从 Freeman（1999）的利益相关者分类，Arlow（1991）的 CSR 评价，Porter（1980）、Davis 和 MacDonald（2010）的 CSR 管理，到 2011 年 ISO26000《社会责任指南》的发布，CSR 的研究已经形成较为完整的理论体系。

国内 CSR 的研究大都建立在欧美国家学术研究的基础上，21 世纪开始，很多学者从不同的研究视角对中国 CSR 的理论和实践进行了有益探索。例如，高敬忠和周晓苏（2008）利用 1999~2006 年我国上市公司的面板数据，研究了经营业绩、终极控制人性质对 CSR 履行度的影响，结果显示，每股收益高的上市公司在社会责任履行度方面没有高于每股收益较低的公司，同时社会责任履行随着企业资产经营规模的增长而提高，随着主营业务规模的扩大而下降；徐尚昆和杨汝岱（2009）对我国 12 个城市 1 268 家工业企业进行了问卷调查，从社会资本的角度来研究企业承担 CSR 的内在动因及作用机制；李伟阳和肖红军（2011）在研究中提出了全面社会责任管理的"3G+3T"模型，建立了全面的社会责任管理的思想体系和实施体系；李彬等（2009）则从制度理论的视角，以对 404 家旅游企业高管的调研为基础，探究了不同制度压力对企业的社会责任影响程度；刘凤军等（2012）从消费者的视角对 CSR 与品牌影响力关系进行了实证研究；尹开国等（2014）通过中国上市公司的经验证据，研究了 CSR 与财务绩效的关系；王清刚和李琼（2015）不再局限于研究单个企业的 CSR 履行状况，而是从供应链视角探究了 CSR 价值创造的机理。从学者的现有研究来看，大部分研究仍然是建立在西方国家 CSR 理论基础上的检验。

近 40 年来，国内外学者在 CSR 研究方面取得了许多创造性成果。从 CSR 研究的地域范围来看，将从"以西方为中心"向各个国家转移，成为一个全球范围的研究领域。从 CSR 理论发展趋势来看，初步形成了理论框架，利益相关者理论成为 CSR 研究的重要理论基石。从 CSR 研究的外延来看，将形成一个多学科交叉的研究领域，尤其是与人力资源管理、战略管理、营销管理的交叉研究。从 CSR 实践发展来看，如何推动 CSR 实践将会成为该领域未来研究的重点，并将会出现多样化的局面，如关注不同情境、不同类型企业的 CSR 问题等。

在过去十年中，越来越多的学者和 CSR 倡导组织将企业是否应当承担社会责任的辩论焦点转向如何促进企业承担社会责任的重点上来，希望能够找到引导企业积极履行社会责任的动机和促进 CSR 实践发展的机制。各国政府也越来越多地融入 CSR 有关政策制定中，一些非政府和非营利组织也积极参与到设计和维护 CSR 管理标准、标识制度和报告制度当中，目的就是将人类社会的可持续发展带入企业的经营目标和运营过程当中，使之成为企业社会属性的基本组成部分。

根据学者刘怡君对社会公众行为的梳理，"从上"行为涉及人的道德观念，受到千百年来中华文化的影响，不愿意冲破道德的束缚；"从利"行为受人的价值观的驱动，面对利益时，人们的言行往往会受自我利益驱动；"从众"行为取决于人的心理层面，愿意少数服从多数。对于企业来说，具有基本的道德观念，在能力范围内愿意承担起企业同社会共同发展的责任，并通过信息披露的方式在公众中树立起良好的企业形象，属于"从上"行为；市场化改革的进行使中国市场竞争机制日臻完善，卖方市场逐渐向买方市场转化，消费者对企业兴衰的影响力越来越大，企业为了赢得消费者对企业的好感而发布 CSR 信息，属于"从利"行为；信息透明是社会公众及各类组织机构监督企业行为、维护自身权益的前提条件和有效保障，公众及相关组织有强烈的获取 CSR 信息的诉求，是"从众"行为，因此，基于"从上""从利""从众"方面的考虑，企业普遍都面临着 CSR 信息披露的问题。基于此，各国政府和相关的管理部门都在积极出台各种政策、文件等，以推动企业进行 CSR 信息披露。例如，英国、法国、加拿大、澳大利亚等国家相继通过相关立法，要求企业就其社会责任的具体表现披露相关信息。英国的 Johannesburg 证券交易所于 2002 年发布公告，要求在该所上市的所有公司披露综合的可持续发展报告，并在进行报告披露时要参考国际报告倡议组织颁布的《可持续发展报告指南 4.0》（简称 GRI 4.0）。法国政府于 2001 年颁布的 Nouvelles 经济管制条例也要求，所有在第一股票市场上市的公司从 2002 年开始必须披露劳工、健康与安全、环境、社会、人权、社区参与问题等信息。我国的深圳证券交易所和上海证券交易所分别于 2006 年和 2008 年出台《上市公司社会责任指引》和《上市公司环境信息披露指引》，对上市公司披露 CSR 信息提出了明确要求。国务院国有资产监督管理委员会（简称国资委）也分别于 2007 年和 2011 年下发文件，鼓励有条件的中央企业定期发布社会责任报告或可持续发展报告，向社会和利益相关者公布企业履行 CSR 的现状、规划和措施。2015 年 12 月 21 日，香港交易及结算所有限公司正式发布了《环境、社会及管治报告指引》（即 ESG 报告指引），对部分报告披露项的要求提升为"不披露就解释"，客观上将带动大量的内地公司发布企业的 CSR 报告。这些都极大地促进了 CSR 信息披露的发展。

随着外部压力的增加，在政府部门的指引和推动下，越来越多的企业开始发布独立的 CSR 报告或通过其他形式进行 CSR 的信息披露，以满足利益相关者的诉求。美国一家 CSR 报告网站 CorpoarteRegister.com 发布的数据统计显示，1995 年以前只有少数的几家美国公司会就其 CSR 实践发布相应的报告。而在 1995 年以后，这一数量大幅度上升，仅在 2007 年，就有约 300 家公司发布了 CSR 报告。国内权威的 CSR 第三方组织商道纵横数据显示，我国企业发布 CSR 报告的数量从 2001 年的 1 份增长为 2013 年的 1 819 份。其中，2009 年和 2012 年 CSR 报告的发布数量有大幅度增加，其他年间的增长都较为平稳。

可以看出，进行 CSR 信息披露正在为越来越多的企业所接受和实施。然而，现阶段的 CSR 信息披露更多地关注的是"量"，而非"质"。中国社会科学院发布的《中国企业社会责任报告白皮书 2015》指出，在最终分析的 1 027 份中国企业 CSR 报告样本中，获得五星级企业的仅有 23 家。笔者所在课题组通过对 2015 年度交通运输行业 42 家上市公司的 CSR 报告进行质量评价发现，76% 的企业所发布的 CSR 报告得分都处于及格线 60 分之下，说明 CSR 信息披露实践还存在着严重不足。

针对 CSR 信息披露的繁荣以及尚存在的问题，国内外学者进行了大量的研究，以期找到促进企业进行 CSR 信息披露的关键驱动因素，进而提出有效的改进措施。在研究方法上，国内外大量的研究都是基于数据的实证，以此对影响 CSR 信息披露的因素进行相关性的探讨。在研究内容上，主要涉及以下几个方面。

首先，经济动机是企业大多数行为选择的重要因素，企业进行 CSR 信息披露的行为并不总是由外部激发的，也可能是由企业对经济目的的追求而引起的；其次是来自外部的压力，来自外部利益相关者的压力是促使企业进行相关信息披露的主要因素；最后，公司的治理对 CSR 信息披露也有一定的影响，主要集中在股权结构、控股股东性质、董事会等方面与 CSR 信息披露的相关性。此外，不同性质的企业，CSR 信息披露的水平也不同，规模大的企业水平更高，而敏感行业因为受到的社会关注度更高，其面临的 CSR 信息披露的要求也高于非敏感行业。对于 CSR 信息披露，现有研究仍然存在着很大的研究空间，主要表现在：第一，现有的实证研究只能够回答哪些因素影响 CSR 信息披露，却很难回答这些因素的影响机制问题。第二，现有研究鲜有立足信息披露的过程进行探讨的，缺乏系统性的思考，且少有考虑利益相关者对 CSR 信息的接收、理解能力对 CSR 信息披露的影响问题，从而依据研究结果给出的政策建议在可行性上有些许欠缺。

本书引入系统动力学模型，从信息的需求和供给的角度出发，以企业对 CSR 信息披露的预期收益-成本为约束，构建 CSR 信息披露的系统动力学模型，分析 CSR 信息披露中的影响因素及其作用机理，并据此提出推动完善 CSR 信息披露的管理建议，促进 CSR 信息在企业与利益相关者之间的有效传播。

1.1.2　研究意义

本书通过探讨 CSR 信息披露问题为该领域理论与实践发展提供新的思路、方法、工具。在思路上，重新审视利益相关者的地位，强调企业与利益相关者的互动学习和共同意义建构的过程，有效地调动利益相关者的积极性；在方法上，从系统动力学的角度探讨 CSR 的相关问题，促进两个领域的交叉融合；在工具上，采用内容分析、问卷调查、系统动力学等研究方法，丰富该领域的量化研究，同时有助于指导企业更加客观、公正地发布 CSR 报告，提高 CSR 信息披露的质量。研究意义具体表现为以下几个方面。

（1）清楚明晰地界定 CSR 信息体系结构，使 CSR 的研究和实践边界更加清晰，为该领域的深入研究奠定基础，为 CSR 的发展提供一个有力的支撑点。首先，可以辅助相关监管部门指导市场决策和社会公开评定标准的制定，为将 CSR 纳入规范的公共管理范畴提供帮助，促进 CSR 从"企业自我约束"向"社会约束"的转变，同时加大舆论宣传导向，提高整个行业乃至全社会对企业承担社会责任的关注度和认知度。其次，可以方便企业进行 CSR 实践的自评，有助于更好地履行社会责任，提高 CSR 实践的实质性。最后，为 CSR 报告的系统性和规范性提供新的思路。

（2）对系统动力学在 CSR 研究领域的应用进行有益的探索，为该方法在 CSR 领域中的进一步应用提供"去粗取精"的样本。研究构建了 CSR 信息披露的动力学模型，为更好地把握不同变量的变化对整个系统的作用提供了简单、直观的研究方式。CSR 具有非常丰富的内涵，涉及的利益相关者也十分广泛，从而影响 CSR 发展的因素是多方面的，因素之间的相互作用关系错综复杂，这就决定了 CSR 问题的研究具有复杂性和系统性的特征。受时间和能力的限制，本书构建的仿真模型在变量设计上没有能够实现全面的涵盖，未来的相关研究可以直接在本书模型的基础上添加变量并检验变量的影响作用。

（3）通过提出 CSR 信息披露的促进机制为该领域的实践发展提供保障。在理论研究基础上，充分结合中国 CSR 实践现状，采用案例研究方法，以"天津塘沽大爆炸"和"长江客轮翻沉"事件为例，探究 CSR 信息披露过程及其影响因素的作用机制，加强理论与实践的联系，对社会监管工作的开展以及相关政策的制定具有很强的指导和借鉴作用。

1.2　企业社会责任的内涵与外延

1.2.1　企业社会责任的内涵

CSR 是任何企业都不可逃避的"强制性"责任，具有普适性，同时又"与时俱变、因地而异、因企而异"，具有动态性。CSR 内涵的变化反映了人们认知水平及价值标准的变化。其内涵的日益丰富以及包容性的增强也说明着人们对企业功能及使命的认识由狭隘走向全面。至今，关于 CSR，学界还没有统一的定义。然而，对其基本原则却有共同底线，即 CSR 不具有排他性，而是讲求多方利益相关者的和谐，不以某一方的利益为牺牲，也不以某一方的利益为唯一追求。CSR 的发展过程实际上是多方利益相关者诉求趋向一致的过程，是从单独地或重经济或重环境或重社会的发展理念转变为支持协调推进经济、环境、社会和谐发展理念的过程，是企业和利益相关者共同意义建构的过程。为了对 CSR 的内涵有较为全面的认识，本节系统梳理了国内外学者的研究中关于 CSR 的定义，以及一些权威性机构和企业对 CSR 的理解。

1. 国外学者的观点

CSR 的概念最早由美国学者 Sheldon 于 1924 年提出，而真正让关于 CSR 的研究开始变得广泛的是两次大论战。第一次论战是 20 世纪 30~50 年代 Dodd 和 Berle 关于企业是否只应对股东负责的争论，第二次论战是 20 世纪 60 年代 Berle 和 Manne 关于现代公司作用的争论。正是这些争论，使 CSR 的发展能够更加地符合众多利益相关者的诉求，不再单一地强调某一个利益相关者的利益，在对立中获得了统一。

CSR 的两次著名论战

Berle VS Dodd 论战：20 世纪 30 年代关于企业经营者职能问题的讨论。

哥伦比亚大学法学院教授 Berle 认为企业管理者只能作为企业股东的受托人，其权力都是为股东利益而委托的权力，企业的唯一目的在于为股东赚取利润，股东的利益始终优于企业的其他潜在利益者的利益。而哈佛法学院教授 Dodd 则认为公司是既有社会服务功能又有营利功能的经济机构，其权力是为整个社会的利益而委托的权力。公司经营者的应有态度是树立自己对职工、消费者和社会大众的社会责任感。

Berle VS Manne 论战：Dodd 与 Berle 之争的延续。

Manne 批评了 Berle，同意 Dodd 将企业经营者视为企业所有利益相关者的委托人的说法，他认为 Berle 没有讲清楚为何经营者的职责是在企业利益相关者之间分配企业财富。Berle 对此进行了反驳，他认为早年没有将企业经营者作为企业所有利益相关者的受托人和财富分配者看待，是担心企业的经营者会变成政治活动家或对学校及慈善机构起决定作用的资金供应者，而不是认为企业经营者不适合担当这种角色。

资料来源：郑海东（2007）

总结、对比国外学者的研究，其中影响较大的主要有以下几种观点。Bowen（1953）在《商人的社会责任》中提到，商人的社会责任是指商人有责任根据社会价值观和目标的要求来拟定政策、制定决策或遵守行动规则。商人要在一个比损益表更广的范围内，为他们的行为后果负责。他甚至认为，即使社会责任活动会对企业的利润造成负面影响，商人也应当自觉地以对社会负责任的态度进行经营活动。Bowen 的观点是把商人作为 CSR 的承担方，具有一定的时代局限性，但对其后的 CSR 研究具有十分重大的影响，被一些学者认为是真正的 CSR 定义之端。Davis

（1960）提出了著名的"责任铁律"，认为商人应当关注被企业行为影响的其他人的利益和需求，并将社会责任视为"企业直接利益以外的因素"。同时期的学者Frederick（1960）则认为，社会责任就是商人要有这样一种意愿，将企业的资源应用于广泛的社会目的，而不是仅仅限制在对个人和企业利益的追求上。

在早些时候，商人的社会责任的提法多于 CSR 的提法，企业被视为商人的私有财产，因而其行为决策主要受商人的决策影响，其目的应是为商人谋利。随着企业理论的发展，人们逐渐认识到商人不再是企业的唯一主人，企业的社会责任也就不再仅仅是商人的社会责任。到了 20 世纪 70 年代，商人的社会责任的提法逐渐为 CSR 所取代。这一转变是 CSR 理念发展上的重要突破。

很长一段时期，CSR 都被放在了股东利益的对立面，受到一些著名学者的反对和排斥。诺贝尔奖经济学家 Friedman（1962）就认为，企业管理者履行社会责任会极大地毁坏自由社会的基础。但归根结底来看，Friedman 并不是反对现代意义上的 CSR，只是在他的那个年代，他听到的关于 CSR 的观念是对立于追求经济发展的，是有损于股东利益的，因而是欠妥的。

在不断的争论中，人们对 CSR 的认识不断改变，学者们所下的定义也逐渐地摆脱了"排他性"。Carroll（1979）提出的 CSR 定义是迄今为止最为广泛认可的。他认为，CSR 包括社会在某一时点上对组织的经济、法律、伦理和慈善期望。具体来说就是，第一，经济责任。经济责任是企业最基本也是最重要的社会责任，是企业一切其他行动的基础。第二，法律责任。企业要在法律允许的范围内行动，否则就会受到法律的制裁。第三，伦理责任。企业应该遵循那些受到社会公众普遍遵从的伦理规范。第四，慈善责任。企业作为社会的组成成员，必须为社会的繁荣、进步和人类生活水平的提高做出自己应有的贡献。后续日益增多的 CSR 定义，虽具体的形式、表达有所差异，但都没有能够突破他的框架。

2. 国内学者的观点

我国的 CSR 实践和理论研究都较国外晚一些。其中，最早对 CSR 进行定义的是袁家方（1990），他认为 CSR 是企业在争取自身生存与发展的同时，面对社会需要和各种社会问题，为维护国家、社会和人类的根本利益，必须承担的义务。刘俊海（1999）则对袁家方提到的"社会和人类的根本利益"做了进一步的划分，认为这些利益包括雇员、消费者、中小竞争者、债权人、当地社区等的利益。

卢代富（2002）将 CSR 视作企业的维护和增进社会公益的义务，并从四个方面对其特点进行阐述：第一，是一种关系责任。第二，是对非股东利益相关者的责任。第三，是企业的法律或道德要求下的责任。第四，是对股东利润最大化原则的改进。谭深和刘开明（2003）则认为，CSR 是指公司不能仅仅以股东利益最大化为唯一目的，也应当考虑股东之外的其他群体的利益。相较而言，本书认为谭深和刘开明的观点更具有包容性。其他学者的观点大致与上述观点相似，这里不再赘述。

3. 国际上权威机构的观点

国际上一些关注 CSR 问题的权威组织，如美国经济发展委员会（Committee for Economic Development，CED）、世界可持续发展商业委员会、英国的"企业公民会社"、国际标准化组织（International Organization for Standardization，ISO）等给出的关于 CSR 的定义对于人们理解 CSR 也具有十分重要的意义，详见表 1-1。

表 1-1　国际组织的 CSR 定义

国际组织	CSR 定义
美国经济发展委员会	"三个同心圆"定义：内圈圆环包括清晰的基本责任，即高效地履行经济功能；中间圆环责任是通过敏锐感知社会价值观和优先次序的变化来履行经济功能，如保护环境、协调劳资关系、满足顾客更高的知情期望、公平待遇和安全保护等；外圈圆环责任包括新近出现但尚未确定的责任，企业应当积极承担更广泛的责任以改善社会环境（如贫困和城市衰退）
世界可持续发展商业委员会	CSR 是企业承诺持续遵守道德规范、为经济发展做出贡献并且改善员工及其家庭、当地社区、社会的生活品质
英国的企业公民会社	CSR 有以下四点含义：第一，企业是社会的一个主要部分；第二，企业是国家的公民之一；第三，企业有权利也有责任；第四，企业有责任为社会的可持续发展做出贡献
国际标准化组织	组织对运营的社会和环境影响采取负责任的行为，即行为要符合社会利益和可持续发展要求；以道德行为为基础；遵守法律和政府间契约；全面融入企业的各项活动
社会责任国际机构	企业通过尊崇伦理价值和尊重人、社区以及自然环境而取得商业成功
国际商业领袖论坛	企业以伦理价值为基础，坚持开放透明运营，尊重员工、社区和自然环境，致力于取得可持续的商业成功

1.2.2　企业社会责任的外延

1. 企业社会责任的范围

随着 CSR 内涵的演变，出现了不同的责任范围。美国经济发展委员会在 1971 年将 CSR 分为三个同心圆，分别代表了三个层次的社会责任。

（1）内圆责任（inner circle）：最基本的企业责任，即有效执行企业的经济功能。

（2）中圆责任（inter mediate circle）：企业应在考虑和配合社会价值变化的前提下，运作经济功能。

（3）外圆责任（outer circle）：强调企业应主动积极地改善社会环境。

学者 Sethi（1975）则依据不同时代中社会产生的不同需求，将 CSR 区分成三等级，即社会义务（social obligation）、社会责任（social responsibility）和社会回应（social responsiveness）。

（1）社会义务：意即企业的行为或决策主要是回应法律及市场规则。

（2）社会责任：指企业的行为规范以企业所处社会的道德、价值及期望为依据。

（3）社会回应：企业要做出长远的决策及行为，包括企业的各种前瞻性规划及各种预防性规范。

Steiner 依据 CSR 对内外部环境影响将其分成内在社会责任和外在社会责任。

（1）内在社会责任：包含改善员工的工作环境及合理公正地选择和教育员工。

（2）外在社会责任：包括训练及雇用残障者，改善公平给付。

美国会计协会（National Association of Accountants，NAA）的企业社会行动会计委员会提出企业承担社会责任应涵盖以下四个范畴。

（1）人力资源的开发：给员工提供教育训练、最低基本工资的保障、舒适安全的工作环境以及让员工有工作满足感和实现自我愿景的机会，提供平等雇佣的机会，没有性别歧视和种族歧视等。

（2）参与社区活动：赞助或举办社区教育、文化、公益活动，即结合社区民众参与社区建设发展计划，以提升社区的生活品质等。

（3）自然资源的效率及环境保护：包括妥善有效地利用自然资源，注重环保，减少空气、水、噪声及固体废弃物的污染。

（4）提供商品与服务：此部分涉及企业与顾客间的关系，以及产品或服务对社会所造成的影响。例如，制造安全、可信赖及高品质的产品，提供完善的服务，与消费者建立良好的互动关系等。

哈佛商学院教授 Porter 和 Kramer（2006）则将 CSR 分为两种类型。

（1）回应式 CSR：回应式 CSR 包括扮演好企业公民的角色（应处理好利益相关者关心的社会议题）以及降低公司活动目前和未来可能会对社会造成的负面影响。

（2）策略性 CSR：并不是要成为优良的社会公民（即降低价值链对社会造成的影响），而是为社会和公司创造明确利润的计划。虽然策略性 CSR 计划的数量可能会比回应式 CSR 计划少，但其能共享的价值会更高。

2. 企业社会责任的维度划分

通过对国内外机构和学者对 CSR 的维度划分进行梳理和分析，整体来看，可以从经验主义和规范主义两个角度对其进行分类,经验主义即从实际经验中总结出 CSR 的相关议题,规范主义即通过规范性推导得出 CSR 的维度,具体如表 1-2 所示。

表 1-2　CSR 的维度划分

作者（年份）	维度	方法
Carroll（1979）	经济责任、法律责任、慈善责任和自由决定的责任	规范主义
Donaldson 和 Preston（1995）	股东、雇员、消费者、政府和社区负责	经验主义
GRI（2015）	经济、环境、社会：劳务管理、人权、社会、产品责任	规范主义
Turker（2009a）	社会、员工、顾客和政府	经验主义
Pérez 和 Bosque（2013）	顾客、股东、员工和社会	经验主义
ISO26000（2010 年）	劳动实践、人权、消费者问题、公平运营、组织治理、环境、社区发展	经验主义
买生等（2012）	社会责任、市场责任、环境责任和科学发展	规范主义
Öberseder 等（2014）	顾客责任、员工责任、环境责任、社区责任、社会责任、股东责任和供应商责任	经验主义
田虹和姜雨峰（2014）	政府、消费者、社区、股东和员工	经验主义

除表 1-2 所综述的 CSR 维度划分外,学者在研究 CSR 与绩效、员工组织认同、竞争力等关系时,也均会对 CSR 维度进行划分并开发相应的测量体系,但基本上都是在前人划分的维度和开发的体系基础上进行简单修订,或直接采用现有学者或机构的测量体系。几十年来学者们在研究 CSR 与绩效的关系时之所以没有形成统一的认知,很大程度上是因为采用的 CSR 测量方法具有较大差异,甚至将某一综合指标替代 CSR。例如,马龙龙（2011）将 CSR 水平作为单一变量来研究对消费者购买意向的影响。付强和刘益（2013）在研究企业社会责任与绩效的关系问题时,只选择了碳排放量这一单一指标来表征 CSR。

从现有的研究看,GRI 4.0 标准是典型的、应用较广的基于规范主义角度开发的 CSR 标准,其内容涵盖了经济、环境和社会影响,较好地反映了 CSR 的多维性（Servaes and Tamayo,2013）。而 ISO26000《社会责任指南》是以"主要议题"为评价基础的研究,是典型的、应用较广的基于经验主义研究开发的指南,与 GRI 4.0 标准较为广泛抽象的评价内容相比,该指南以 CSR 相关的主要议题为基础,包含维度较为具体,为企业承担社会责任指明了方向和范围。然而规范主义和经验主义并非相互对立,而是相互依存、交互作用的。规范主义研究是经验主义的"根基",经验主义确定的维度可以置于规范主义框架下,而规范主义确定的维度也要通过经验主义来检验,因此要构建科学的 CSR 测量工具,将两类研究进行融合是必然的方向（肖红军和许英杰,2014）。此外,社会责任的本质即是将经济、环境、社会等问题融入企业的经营过程中,并在履行 CSR 过程中要识别利益相关者对企业的期望，进而让利益相关者参与到企业的经营过程中，这也反映了将规范和经验主义评价模型融合的必要性。本书即是在对两者进行对比的基础上确定了 CSR 的维度。

1.3　企业社会责任披露研究评述

1.3.1　企业社会责任的发生与发展

纵观 CSR 的发展历程，其大致可以分为以下五个阶段。

第一阶段为 20 世纪 70 年代之前。该阶段对 CSR 的研究主要集中在"企业是否应当承担社会责任"和"CSR 概念的辩论"上，并未对 CSR 测量进行研究。

第二阶段为 20 世纪 70~80 年代。该阶段 CSR 作为学术理论被广泛关注，研究的焦点也从"是否承担"转变为"承担哪些"，比较有代表性的是 Carroll（1979）提出的 CSR 金字塔模型，但该模型仅从规范性角度列出企业承担责任的维度，缺乏量化标准。

第三阶段为 20 世纪 80~90 年代。该阶段开始更多地关注 CSR 工具理论的发展，如探讨 CSR 与企业绩效之间的关系，这极大地促进了 CSR 测量体系的发展。Wartick 和 Cochran（1985）在 Carroll 的研究基础上开发了原则、过程和政策的三维企业社会绩效模型。Aupperle 等（1985）在研究 CSR 与效益时以金字塔模型为基础开发了测量题项。

第四阶段为 20 世纪 90 年代。该阶段利益相关者理论、企业公民等新理念的出现使 CSR 的外延逐渐扩大，利益相关者界定和分类的研究深入，为企业明确责任对象提供了理论依据，架起了企业和社会之间的桥梁。例如，Clarkson（1995）明确提出了用利益相关者框架来代替企业社会绩效框架，Donaldson 和 Preston（1995）从利益相关者角度指出 CSR 主要应评价对股东、雇员、消费者、政府和社区负责五方面，利益相关者的引入使 CSR 的测量对象和测量内容更加具体，同时也更具科学性和可操作性。

第五阶段为 21 世纪以后。该阶段学术界更多地关注 CSR 的管理应用，与此同时，国内外机构和学者均为 CSR 测量做出了贡献，如全球报告倡议组织（Global Reporting Initiative，GRI）发布了 GRI 1.0~4.0 标准来规范 CSR 披露、ISO 发布了适用于所有组织的 ISO26000《社会责任指南》、中国社会科学院从利益相关者和责任管理角度开发了中国 100 强 CSR 发展指数指标体系。国外学者 Turker（2009b）通过实证研究开发了八个维度的 CSR 测量体系，Pérez 和 Bosque（2013）、Öberseder 等（2014）均从消费者感知的角度开发了 CSR 测量体系；中国学者买生等（2012）基于科学发展观的角度构建了 CSR 综合测量模型，田虹和姜雨峰（2014）开发了针对网络媒体企业的 CSR 测量模型。

美国管理学界著名学者 Carroll 曾经将企业与社会领域研究现状描述为："这是一个兼收并蓄的领域，没有严格界限，多重身份、不同视角、多学科、宽领域、形成一个比较宽泛的跨学科的文献领域。"也许是这个原因，导致 CSR 研究的对象和内容存在着分散割裂的现象。一些哲学家和伦理学家更多地关注 CSR 的道德依据以及伦理原则问题而忽视了企业如何承担社会责任的具体实施问题，另外一些学者则较多地关注实践问题而忽略了决策的伦理依据。值得庆幸的是，一些学者已经意识到该领域存在的问题并进行了一定的整合性研究。总体而言，目前研究所关注的 CSR 问题可以划分为"规范研究"、"描述研究"及"整合研究"三个方面。

（1）CSR 规范研究。规范研究主要关注 CSR 的价值评估和判断，即企业在社会责任方面"应该做什么"，CSR 规范研究学者从社会契约论、权利义务论、功能社会理论等视角为 CSR 提供了值得深思的道德依据，Carroll 还在前人的研究基础上界定了 CSR 的范围等。一些学者基于一般的伦理原则来构建企业决策的伦理基础。疑惑的是 CSR 规范研究尚无法解决企业社会责任的操作性问题。例如，对于"社会"这样一个宽泛而模糊的概念应该怎样理解？企业究竟应该为谁负责？哪些问题应该优先处理？企业的资源应该怎样分配以用来解决社会责任问题？怎样评价一个企业是否负责任？这些都是规范研究无法回答的问题，同时也是规范研究受到诟病的原因所在。

（2）CSR 描述研究。20 世纪 70 年代中期，一些不满将 CSR 局限在哲学范畴之内的学者将研究转向管理领域并着手解决 CSR 规范研究无法回答的问题，分别从各自不同的视角定义 CSR 的内涵。描述研究实现了 CSR 研究的管理实践转向，把企业与社会领域的研究提升到一个新的、更现实的高度，更加紧密地融合到企业的管理实践中。规范研究中的代表性观点如表 1-3 所示。

表 1-3　规范研究中的代表性观点

重要学者（年份）	代表性观点
Bowen（1953）	企业在确立政策或者遵守行为准则的过程中满足社会的价值观和目标
Freidman（1970）	企业唯一的责任就是在遵守"游戏规则"的前提下实现利益最大化，即企业唯一的社会责任就是经济责任
McGuire（1963）	CSR 是指企业不仅仅具有经济和法律义务，还要承担超越于经济和法律之外的对社会的责任
Davis（1960）	CSR 是指企业考虑或回应超出狭窄的经济、技术和立法要求之外的议题，实现企业传统经济目标和社会利益统一
德鲁克（2009）	CSR 是社会对企业经营管理权利合法性的要求，也是企业的一项社会功能
Carroll（1979）	CSR 是在一定时期内社会对组织所要求的经济责任、法律责任、伦理和自由决定的责任
Brady（1985）	为 CSR 构建了一个"一头双面"模型，将义务论和功利主义结合起来用以确立责任原则
Carroll（1991）	构建了 CSR 金字塔模型，同时将企业社会责任与利益相关者的概念进行整合，明确了责任的对象

首先，"社会回应"概念（社会责任与社会回应概念的区别见表 1-4）的提出，使 CSR 研究从抽象的哲学思考转向具体的管理研究，使社会责任对企业而言变得具体化、可操作化；其次，"利益相关者"概念的提出，不仅明确了责任的对象和内容，而且提供了 CSR 的管理机制；最后，"战略 CSR"等概念的提出，为企业在负责任经营方面如何"做"，奠定了重要的管理学基础，极大地推动了 CSR 实践的发展。然而，问题在于，"社会回应""利益相关者""战略 CSR"等概念仍然缺少价值规范的基础，从而导致在价值决策时出现"回应"与"责任"相分离的状况。因此，描述研究虽然在促进 CSR 操作化的层面做出了重要的贡献，但是仍然没有解决企业价值决策的伦理依据问题。描述研究中的代表性观点如表 1-5 所示。

表 1-4　社会责任与社会回应概念的区别

项目	社会责任	社会回应
主要考虑	伦理的	实用主义
分析对象	社会	企业
关注焦点	结果	手段
目的	向外看	向内看
重点强调	义务	回应
企业角色	道德代理人	产品和服务的提供者
决策框架	长期	中期和短期

表 1-5　描述研究中的代表性观点

重要学者（年份）	代表性观点
Priston 和 Post（1975）	用"公共责任"取代"社会责任"，认为 CSR 是对其社会参与的主要和次要领域相关的结果负责。解决社会责任定义的模糊性问题
Frederick（1994）	认为 CSR 规范研究"只集中在对企业义务和动机的定义，而忽视了责任的实际行动和实施"，他提出"社会回应"概念，实现责任研究的管理转向
Clarkson（1995）	将"利益相关者"概念引入 CSR 研究，解决了 CSR 对象模糊性的问题
Ronald 和 Mitchell（1997）	基于利益相关者的"权利、合法性和紧迫性"三个特征来识别利益相关者，确定了利益相关者的管理原则
Kotler 和 Lee（2008）	CSR 是企业通过自有决定的商业实践以及企业自愿的捐赠来改善社会福利的一种承诺

（3）CSR 整合研究。如果说 CSR 规范研究偏重于责任的"道德基础"，那么 CSR 描述研究则强调责任的"实现过程"。一些学者将二者整合提出了一个新的概念——企业社会绩效（表 1-6）。这一概念成为建立企业与社会关系领域研究范式的新起点。例如，美国管理学教授 Swanson 将 CSR 看做一个价值决策过程，实现了"责任"与"回应"的统一。

表 1-6　整合研究中的代表性观点

重要学者（年份）	代表性观点
Carroll（1979）	企业社会绩效是一个由原则、企业社会回应策略和企业面临社会议题三方面组成的整体
Wartick 和 Cochran（1985）	企业社会绩效是一个由原则（沿用 Carroll）、企业社会回应过程和企业社会议题管理组成的整体
Wood（1991）	企业社会绩效是由责任原则（制度、组织和自由裁定层面）、过程和结果组成的整体
Swanson（1995）	解释了 Wood 企业社会绩效模型中 CSR 原则所引起的规范性难题，通过修正 Wood 模型提出了一个新的研究策略
Swanson（1999）	实现"责任"与"回应"的统一
Schwartz 和 Carroll（2008）	从企业伦理、利益相关者管理、企业公民、可持续发展、CSR 五个方面整合出三个核心概念：价值+平衡+责任

尽管 CSR 整合研究解决了"责任"与"回应"的联系问题，但多元并且经常是相互冲突的制度环境给企业价值决策带来了三个方面的困难：一是由于企业行动与其带来的社会问题之间没有清晰的联系，造成了企业无法确定责任的对象以及责任的内容；二是不同的制度环境中利益相关者对企业的要求和期望的差异，决定了企业必须结合具体环境中的价值需要来确定责任的范围和条件；三是企业必须面对不同利益相关者之间存在的价值冲突。因此，在对企业的价值决策进行道德辩护的时候，寻求价值决策的伦理基础成为必须解决的难题。

CSR 研究经历了半个多世纪，对 CSR 的界定也随着研究的发展而演进。CSR 从企业"应该做什么"的单一规范研究，过渡到企业"能做什么"的描述研究，进而发展到二者的整合研究，虽然 Swanson 和 Schwartz 的整合研究没有最终解决企业与社会关系的理论建构问题，但是"价值（协调）、平衡、责任"三个概念的提出让 CSR 研究进入了真实的企业实践中，对未来的 CSR 研究具有重要的启发意义，在构建 CSR 理论方面跨出了重要的一步。Swanson 认为未来需要研究价值观理论，但是我们认为，在全球化的今天，最关键的是解决价值决策的道德基础问题。只有回答了这一问题，才能实现"在企业与社会之间建立一种建设性关系"的目标。

1.3.2　企业社会责任信息披露研究

为了描述全球非财务报告的现状，分析其主要发展趋势，毕马威开展了 2015 年 CSR 报告调查，分析了 45 个国家和地区共 4 500 家公司报告情况，数据统计结果显示，在总数 4 500 家的百强企业中，接近四分之三的企业报告了社会责任，在 2013 年，这一数字仅为 71%，而中国的百强企业中有 78% 的企业报告了 CSR，较之 2013 年的 75% 和 2011 年的 59% 都有较大幅度的上升。近些年来，CSR 信息披露成为企业普遍面临的问题，也是学术界关注度较高的研究问题之一。英国、法国、加拿大、澳大利亚等西方国家都通过相关立法，要求企业就其社会表现披露相关信息。然而，"数量增加很快，质量提高步伐缓慢"的问题还是很突出。针对这些问题，国内外学者进行了大量的研究工作，以期进一步地了解 CSR 信息披露的过程，从而找出改善现阶段不足的方法，推动 CSR 信息披露前进的脚步。

1. 国外相关研究现状

国外关于 CSR 信息披露的研究始于 20 世纪 70 年代，已有研究主要集中于经济动机、外部压力、企业特征、公司治理四大类因素与 CSR 信息披露之间的关系的探讨。

1）经济动机与 CSR 信息披露

经济动机是企业大多数行为选择的重要影响因素。企业进行 CSR 信息披露的行为并不总是由外部激发的，也可能是由企业对经济目的的追求引起的。Campbell（2007）的研究指出，企业为了赢得消费者、客户的信任，促进产品销售，会选择披露较多的 CSR 信息，以在消费者和客户中间树立良好的企业或产品品牌形象，进而取得更高的经营业绩。Lang 和 Lundholm（1996）研究发现，计划在未来一段时间发行股票、债券的企业会有更高的意愿披露更多的 CSR 信息，以减少与外部投资者和投资机构之间的信息不对称水平，降低融资成本。Palepu 和 Healy（2003）也指出，出于对融资需求的考虑，企业会提高其信息披露的水平。

2）外部压力与 CSR 信息披露

O'Dwyer 等（2005）在对爱尔兰境内 6 个行业的共 27 个公司的高层管理者进行深入访谈后发现，企业进行 CSR 信息披露主要是为了缓解来自企业所在社区、环保组织及媒体等方面的压力。van der Smith 等（2010）的对比研究也显示，不同国家的文化、所有权结构以及不同的压力集团是促使企业披露 CSR 信息的主要原因。Islam 和 Deegan（2010）以环境敏感型行业企业为样本进行研究，结果显示，来自外部利益相关者的压力是促使企业进行相关信息披露的主要因素，并且不同的利益相关者对企业的信息披露决策的影响力大小是存在差异的。

3）企业特征与 CSR 信息披露

已有研究涉及的企业特征因素主要有企业规模、企业所属行业类型、企业财务绩效及财务杠杆四个方面。一般而言，在其他特征变量一定的情况下规模越大的企业，其 CSR 信息披露的水平越高。Trotman 和 Bradley（1981）对澳大利亚企业、Patten（1991）对美国企业、Eng 和 Mak（2003）对新加坡上市公司的研究都显示了企业规模与 CSR 信息披露的正相关关系。

相较而言，敏感行业所受到的社会关注度较高，其面临的 CSR 信息披露的要求也相对高于非敏感行业。Roberts（1992）的研究就证实了这一观点，其结果显示高政治风险行业和竞争激烈行业的企业更倾向于进行 CSR 信息披露。Jenkins 和

Yakovleva（2006）在对 10 家采掘业企业的案例研究后发现，重污染行业的 CSR 信息披露质量要显著高于非重污染行业。

企业财务绩效与 CSR 信息披露之间的关系是复杂的，不同的学者的研究结果可能是完全相反的。目前，有关二者关系的主要结论包括正相关、负相关和不相关。Mills 和 Gardner（1984）的研究表明，当企业的财务业绩较好时，企业更愿意进行 CSR 信息披露，以此向外界表明自己的"优秀"，从而达到提升公司形象的目的。而 Ingram 和 Frazier（1983）的实证研究结果却表明，企业财务绩效与 CSR 信息披露呈负相关关系。Cohen 和 Holder-Webb（2006）的研究则发现，企业一般在效益差的年间提高 CSR 信息披露水平，但随着企业效益的恢复和增加，其信息披露的水平不会随着有所提高。也就是说，在一段时间内，企业财务绩效与 CSR 信息披露之间的相关性并不明显。

不同学者关于财务杠杆与 CSR 信息披露之间关系的研究也显示出不同的结论。Orlitzky 等（2003）研究认为，企业财务杠杆与 CSR 信息披露呈负相关关系。这主要是因为高财务杠杆的企业会寻求与其债权人保持着更为紧密的联系，并会积极采取其他方法来进行 CSR 信息的传递。Brammer 和 Pavelin（2008）研究显示，负债比率低的企业的债权利益相关者对企业在 CSR 方面的行为的约束较小。而随着企业资本结构中负债比例的提高，企业的财务风险增加，这会导致企业更加积极地进行 CSR 信息的披露。

4）公司治理与 CSR 信息披露

现有关于公司治理结构与 CSR 信息披露关系的研究主要集中于股权结构、控股股东性质、董事会等方面。

Jensen 和 Meckling（1976）研究指出，股权越分散，企业进行 CSR 信息披露的倾向越明显。对股权分散的企业来说，适当的信息披露能够降低委托人和代理人之间的信息不对称，这对委托人和代理人都具有重要的意义（Fama and Jensen, 1983）。Prencipe（2004）的研究也有类似结论，认为股权分散的公司更倾向于通过 CSR 信息披露减少信息不对称。反之，在一个股权较为集中的企业之中，管理者进行 CSR 信息披露的意愿要小得多。Brammer 和 Pavelin（2008）研究指出，股权集中的公司更不愿意进行信息的披露。

控股股东的性质与 CSR 信息披露具有相关性。Ghazali（2007）的实证研究表明，内部董事持股比例越高，企业的 CSR 信息披露水平越低，而政府的持股比例越高，企业的 CSR 信息披露表现越好。Haaland 等（2011）研究认为，政府控股企业及国有性质的企业会受到更多的 CSR 信息披露压力。

董事会是企业各项决策的最高决定层，从而也是决定企业 CSR 信息披露数量及质量的决策机构，是信息披露控制体系中最核心的环节。此外，大量的实证研究显示，董事会规模、独立董事所占的比例、是否有审计委员会、董事长与总经理是否二职合一、董事会年度会议次数等都与 CSR 信息披露具有显著的相关关系（Chen and Jaggi，2001；Haniffa and Cooke，2005；Ghazali，2007；Akhtaruddin et al.，2009）。

2. 国内相关研究现状

国内关于 CSR 信息披露研究的起步晚于国外，在研究方法的应用和思路上受国外相关研究的影响较大。从所取得的研究成果来看，与国外的主流观点相似。

1）经济动机与 CSR 信息披露

企业进行 CSR 信息披露能够为企业带来益处的观点已被大量的研究所证实，因此，理性的企业会出于获益的角度考虑进行 CSR 信息披露。崔秀梅（2009）的研究指出，企业的确会出于获得消费者信赖、促进产品销售的动机进行 CSR 信息披露。翟华云（2010）通过对制造业上市企业的研究得出结论：外部融资需求越高的企业，其披露的 CSR 信息质量越好。也就是说，企业希望通过提高 CSR 信息披露的水平来降低融资难度和成本。尤其是近年来，随着 CSR 投资的兴起，CSR 行为以及相关信息的披露更是企业获得外部投资的基本加分项。

2）外部压力与 CSR 信息披露

张维迎和柯荣住（2002）研究认为，政府、债权人和外资股股东对企业施加的压力越大，企业的环境信息披露质量越高。而社会大众的信任只对部分重污染行业企业的信息披露存在显著的正向影响。何丽梅和侯涛（2010）在对 112 家重污染企业的 2008 年度 CSR 报告进行实证分析后发现，外部监管压力与企业的 CSR 信息披露水平正相关。

3）企业特征与 CSR 信息披露

企业特征因素与 CSR 信息披露之间具有关联性。由于研究方法、研究限定条件及研究对象的不同，不同学者的研究成果存在结论相左的情况。较为统一的结论有：企业规模、行业敏感度与 CSR 信息披露水平之间存在显著正相关关系。既有研究认为企业所有权性质、财务杠杆及其营利能力与 CSR 信息披露水平不相关，也有研究表明三者对 CSR 信息披露决策有一定的影响作用（李正，2006；崔秀梅，2009；凌兰兰，2009）。

4）公司治理与 CSR 信息披露

李诗田（2009）以 77 家非金融 A 股上市企业在 2005~2007 年发布的社会责任报告为样本进行研究，得出三个结论：第一，当公司面临的合法性压力较大时，委托-代理人间的冲突、第一大股东持股比例、国有股比例与企业的 CSR 信息披露表现呈现出显著的 U 形关系。第二，当公司面临较大的合法性压力时，管理人员持股比例与企业的 CSR 信息披露表现没有显著的相关关系。第三，代理成本、第一大股东持股比例、管理人员持股比例、国有股比例等变量与企业的 CSR 信息披露水平之间不是简单的线性关系。

沈洪涛（2010）实证检验了 318 家石化塑胶业上市企业的治理制衡机制对企业年报中的 CSR 信息披露质量的影响，研究发现，国有股控股的上市企业的 CSR 信息披露质量要明显高于其他类型企业。独立董事比例、监事会规模与 CSR 信息披露质量显著正相关。监事会年度会议次数与 CSR 信息披露质量负相关。董事会规模与 CSR 信息披露质量之间呈现出 U 形的相关关系，但并不显著。存在审计委员会的企业披露的 CSR 信息质量明显优于没有类似委员会或机构的企业。

魏婷婷（2014）构建了公司治理结构对 CSR 信息披露的影响模型，从三个层面对二者的关系进行了研究和说明。第一，股东层面。国有控股企业比其他类型企业更倾向于披露 CSR 信息，第一大股东持股比例的大小与 CSR 信息披露水平显著正相关。第二，决策层面。除独立董事比例之外，董事会规模、董事会年度会议次数、董事长与总经理两职分离以及委员会个数与 CSR 信息披露显著正相关。第三，监督层面。监事会规模的扩大及监事会年度会议次数的增多会推动企业进行 CSR 信息披露。

1.4   企业社会责任研究的综合视角

越来越多的学者分别基于不同的理论视角来关注"如何促进企业承担社会责任"这一理论和实践问题，对 CSR 驱动因素进行了分析和探讨，形成了很多有价值的研究成果。基于不同学者对这一问题的研究的切入点可以将现有研究划分为制度-利益相关者理论、行为动机理论、意义建构三种理论视角。

1.4.1   基于制度-利益相关者理论视角的研究

制度-利益相关者视角将企业作为社会制度环境的一部分，认为 CSR 行为是对社会压力的一种回应，而非基于提高经济绩效的需求，即企业履行社会责任是基于满足社会合法性的要求而不是为了获取经济利益。这一观点主要体现在制度理论和利益相关者理论及制度-利益相关者理论三方面。

制度理论强调制度环境对组织行为的约束，认为所有组织在某种程度上都嵌入在关系和制度化的环境中，组织的生存和发展依赖于其对制度环境的顺从和对外部规则、标准的遵守。作为嵌入政治和经济制度环境中的组织，制度的压力会诱使企业依据制度环境的变化改变自身的行为以获取合法性的地位。社会学中的制度分析和政治学中的比较政治经济研究都关注制度如何限制和促进行为的发生。坎贝尔（John L. Campbell）在分析影响 CSR 表现的经济条件之后，探讨了广义的制度环境对 CSR 行为的驱动，主要有：①政府制定强有力的管制措施。②企业能够认识到国家的严格控制可能产生的行业危机，国家能在为行业治理提供支持的基础之上建立完善的体制措施。③企业运行环境中存在一些私人或独立的组织［非政府组织（non-governmental organizations，NGOs）、社会运动组织、媒体、机构投资者］，并且在必要的时候能够发起运动。④企业处在一个将 CSR 制度化的环境中。例如，一些重要的商业出版物和一些商学院能够将 CSR 纳入其中。⑤企业参与一些致力于推动 CSR 的协会。⑥企业与工会、雇员、社区组织、投资者和其他利益相关者进行制度性的对话。如果企业处于这样的制度环境中，企业将会负责任地经营。中国学者蔡宁等（2009）从新制度主义的视角，提出了政府规制、非营利组织参与、境外机构投资者关注、组织间模仿等企业外部制度压力对企业社会绩效影响的机理与假设。实证研究结果表明，政府规制、非营利组织参与和组织间模仿对企业社会绩效有显著的正向影响；各种制度压力对企业社会绩效的不同维度有不同程度的影响。李彬等（2011）从制度理论的视角，通过对 404 家旅游企业高管的调研，对制度压力（规制、规范和认知）作为影响 CSR 的重要前因变量开展了实证研究。研究结果表明，不同的制度压力对企业的社会责任影响程度不尽相同，规范压力最大，认知压力次之，规制压力影响的统计结果不显著。政治关联在制度压力和 CSR 之间起部分中介作用，规范压力和认知压力越大越容易导致企业政治关联行为，而规制压力正相反。

利益相关者理论视角将制度理论延伸至不同的利益相关者群体，研究特定的利益相关者对 CSR 的驱动作用。特定利益相关者通常包括政府、非政府组织、社区等，它们是制度的代理人，共同构成制度环境。现有研究重点关注政府、非政府组织、投资者对 CSR 的驱动作用。政府对 CSR 行为的驱动表现在通过法律法规等形式积极引导、规范 CSR 的发展方向和层次方面。Dummett（2006）通过与澳大利亚等国的大型企业的高级经理、权威学者、企业研究人员和环保人士关于企业环境责任驱动因素的面谈发现，政府立法或管制是企业承担环境责任的第一位驱动因素。Steurer 和 Konrad（2009）系统地研究了欧洲在 CSR 方面的公共政策，区分了五种不同的政策类型（法律、经济、信息、合作和混合）和四个主题领域的行动（提高意识、增加透明度、促进社会责任投资、树立模范）。钟宏武（2010）将政府在 CSR 实践中的角色界定为规制者、推进者和监督者，并结合国内外实践明确了三种角色下可采用的政策工具：规制者（责任立法、技术标准）、推进者（建立组织、研究交流、推广引导、信息披露、责任采购、责任投资、激励机制）、监督者（责任审计、责任标签、信息备查）。非政府组织在推动 CSR 实践中的作用更为显著。Winston（2002）将非政府组织驱动 CSR 战略概括为：通过与企业的对话推动企业采用自愿标准；倡导社会审计和独立的认证程序；股东解决方案；道德谴责和批评；号召消费者抵制公司产品，倡导有选择的购买法；倡导政府强制性的标准出台；通过法律途径惩罚危害社会的行为。Guay 等（2004）基于代理理论和利益相关者理论的视角将非政府组织驱动 CSR 的战略总结为：作为社会责任投资的倡导者，影响机构投资者和退休基金加入社会责任投资；作为社会责任投资的咨询顾问，引导社会责任投资；作为企业的股东，直接采取股东行动；建立自己的社会责任投资基金。综合以上战略，社会责任投资是一种特别的投资理念，即在选择投资的企业时不仅关注其财务业绩方面的表现，还增加了企业环境保护、社会道德及公共利益等方面的考量，是一种更全面地考察企业的投资方式。Sparkes 和 Cowton（2004）认为机构投资者成为社会责任投资的主体标志着社会责任投资的成熟，并在此基础上探讨了机构投资者采用"股东社会代理行动"驱动 CSR 的机制。Scholtens（2006）认为大多数文献关注公共股东对 CSR 行为的影响，却忽视了信用渠道和私人权益资本对 CSR 表现的潜在影响，认为金融投资在推动 CSR 方面有较大的空间。

制度-利益相关者理论主要解释组织如何受到更大范围的社会、政治和文化过程的制约，即主要关注管制、规则和文化对组织的影响。首先，制度理论视角揭示了驱动 CSR 实践的合法性机制；其次，利益相关者理论视角揭示了利益相关者作为制度的代理人驱动 CSR 实践的具体压力机制——市场机制、道德机制、法律机制——为提升 CSR 提供了重要的理论基础。制度-利益相关者研究为揭示 CSR 的驱动机理做出了较大的贡献。但是，制度-利益相关者视角的不足在于：一方面，它过分强调制度及利益相关者的影响，从而夸大了企业在 CSR 实践中的惰性；另一方面，该视角没有揭示 CSR 在企业内部的生成逻辑和运作机制。

1.4.2　基于行为动机理论视角的研究

社会心理学和行为科学研究表明，人的行为受动机驱动，而动机是由于人们本身内在的需要而产生的。同样，组织的行为也受到组织的动机驱动，CSR 行为的发生也必然是由企业的动机引起的。目前学术界已经从企业承担社会责任的外在和内在动机来研究 CSR 的驱动因素。Graafland 和 van de Ven（2006）通过对荷兰 111 家公司 CSR 观和公司实际的 CSR 实践关系的实证研究发现：在雇员关系上，道德动机（称之为内在动机，指的是企业把社会责任作为自身对社会的一种道德义务）比战略动机（称之为外在动机，企业认为从长远来看履行社会责任有助于促进自身的绩效的提升）更能驱动企业履行社会责任；在与消费者的关系上，企业的道德动机和战略动机同样重要；在与供应商、竞争者和社区之间的关系上，道德动机和战略动机与 CSR 实践之间没有明显的相关关系。辛杰（2008）通过对山东 2 200 家企业的实证调查，得出 6 个 CSR 的动机因子，即客户与环境利好，员工、文化与形象，管理创新与竞争力，和谐经济与国际社会，外部利益相关者，风险规避，在此基础上他将企业划分为不同类型的动机群体，发现不同的企业类型的动机因素存在较大差异。杨春芳（2009）认为企业对利润的追求以及企业领导者的道德水平和价值观念是企业承担社会责任的重要内在驱动因素。

战略动机视角还是将决策者作为理性人，认为只要负责任经营就能够带来好的结果，那么企业必然会去做，但基于战略动机的视角无法解释这一现象：履行社会责任能够使企业获取竞争优势，但为什么大部分企业并没有去实践？另外，道德动机视角的分析是将 CSR 看成独白式的过程，完全由决策者道德价值观决定对利益相关者承担什么责任，这种研究是抽象、理性的。基于管理者自己的道德动机并不能必然确保企业承担社会责任，因为那有可能是基于决策者的一厢情愿，即使管理者出于道德动机也不能确保企业承担社会责任，这是因为责任决策与复杂的环境有关，管理者对利益相关者的价值需要的了解与否决定着企业是否可以负责任经营。因此认为道德动机是驱动企业负责任的必要条件但不是充分条件。从 CSR 过程的视角来看，这种说法强调了行动的原因，但是无法解释行动的过程，动机视角可以解释一次行为的原因，最后 CSR 对企业而言是一种变化过程，但是行动的过程才是带来结果的决定因素，才能真正地解释企业做什么才能促进企业承担社会责任。而且这仅仅是一种推测，不具有实践价值。因此，动机是决策者行动的必要而不充分条件。虽然从组织行为动机视角解释 CSR 驱动因素具有一定的价值，但是该视角缺乏一个可靠的理论基础。无论是从利润动机、道德动机或是更为具体的战略动机视角研究 CSR 驱动因素都是一种意愿研究，这种研究是不能够得以验证或者证伪的，因为某种行为的发生可能是由多种因素引起的。正如Weick（2009）认为的，很多原因都可以引发行为，但是只有当行动完成之后，人们才可能回顾过去的行为，才知道做出的是何种决策，存在的又是哪些意图。因此，从动机的视角来分析行为发生的原因仅仅是一种推测，在实践中难以验证。此外，从动机的视角研究驱动因素是具有局限性的，主要表现在：道德判断在于自身动机的强化，而脱离了行为的结果、情境以及忽视了责任是相互之间的，而不是企业自身可以决定的，把责任看成是企业自己的事情，与利益相关者的价值需求无关。

1.4.3　基于意义建构视角的研究

意义建构是指通过持续性的回溯性的构建合理的意义来合理化自身的行为。

意义建构是一种强调以过程为导向的组织研究方法，它已经被用做分析组织中的变化过程的一种新的思维方式。采用意义建构的研究方法研究 CSR 驱动机理是一个新的研究视角，该视角从认知的角度研究驱动 CSR 的内部制度因素和社会过程。2005 年美国企业公民研究中心对美国商业领导者的调查结果显示：尽管法律和政治压力、消费者和社区的期望都对企业公民有影响，但是最重要的驱动力来自于企业的传统和价值观。

Basu 和 Palazzo（2008）认为，"CSR 相关活动不是直接来源于外部需求的结果，而是扎根于企业的认知能力和语言表达的过程。构成企业意义感知过程基础的心理模型框架，既能影响企业内部如何看待世界，也会影响在考虑明确的外部和内部需求条件下企业如何做出关键决策"。Schouten 和 Remmé（2006）把 CSR 看做一个意义建构过程，以 CSR 领跑者——荷兰皇家壳牌集团（Royal Duth/Shell Group of Companies，简称壳牌石油）作为案例，采用半结构式访谈的方法对壳牌石油利益相关者参与过程（包括以采掘业透明行动为例的国际利益相关者参与和以阿曼当地的利益相关者参与为例的两个层面）分别进行了分析。研究表明，选择正确的利益相关者，采用制度化的方式与利益相关者沟通和 CSR 管理者的意义建构能力等行动和认知因素是 CSR 实践的重要驱动因素。van der Angela 等（2010）也认为 CSR 是一个意义建构的过程，并且依据意义建构理论构建了 CSR 意义建构理论框架：CSR 意义建构始于不确定性或模糊性，受信念（认知）和行动驱动。他们通过对参与荷兰"国家可持续发展计划"的 18 家企业所收集到的数据的分析，验证了这一观点。

从意义建构视角开展研究的贡献在于：第一，它开辟了从过程视角研究 CSR 驱动机理的新视域，将 CSR 研究引入管理决策领域；第二，意义建构将 CSR 特征与企业自身的特征联系起来，可以通过具体分析一个企业的内部的认知和社会互动过程而不必依据企业在特定时期的 CSR 活动来研究 CSR 驱动因素，使 CSR 驱动机理的研究建立在可靠的基础之上，正如 Schouten 和 Remmé（2006）指出的，"为了使 CSR 或者商业伦理研究找到可靠的基础，我们尤其应该从分析现实以及为改变这种现实而做出的努力方面着手"。但是目前基于意义建构的研究的不足在于还无法揭示 CSR 驱动机理。

1.5　内容安排与主要观点

1.5.1　研究方法

（1）文献研究法。目前有关 CSR 的研究视角、研究领域相对繁杂，因此本书采用文献研究法，对本书内容相关主题的文献进行搜索整理，通过对国内外的学者的研究成果进行分析，深入了解本书相关领域的研究现状，对研究成果进行系统的信息提取、观点梳理及方法比较，并对文献不断地进行更新、补充，形成本书的理论基础。本书重点查阅中、外文文献近 200 篇，在对文献进行阅读分析的过程中进行记录与评述，进而厘清撰写思路，在研究过程中，文献研究的方法贯穿始末，通过不断关注本书相关领域的研究热点，借鉴前人的研究设计，不断完善研究框架及内容。

（2）内容分析法。20 世纪初叶的美国，报刊、广播、电视等大众传播媒介的发展促使内容分析法形成，随着理论研究的发展，诸多学者对内容分析法进行了定义，如美国传播学家 Bernard Berelson 认为内容分析法是一种对具有明确特征的传播内容进行客观、系统和定量描述的研究方法，Holsti 确定了内容分析的三个主要目标，即描述传播特征、推测传播者意图及推断传播效果，另有学者 Krippendorf 在研究中将内容分析定义为系统、客观和定量地研究传播讯息并对讯息及其环境之间的关系做出推断的方法。本书中，使用内容分析法界定 CSR 概念与特征的优点有两个方面：一是内容的提取相对客观，概念的提取更加精准；二是该方法多用于大样本，夯实概念的形成基础。

（3）实证研究方法。任何学科的发展都离不开科学的方法和思路，而 CSR 的研究是基于现实的研究，大量的实证研究是 CSR 相关理论发展的必要条件。实证研究方法建立在事实观测的基础上，从资料和数据中归纳得出研究结论，以假设为起点，理论为支撑，从实践中发现问题并提出解决方案。实证研究方法泛指所有经验型的研究方法，包括观察法、案例法、访谈法、问卷法以及采用数理统计等作为技术手段的统计分析法等，主要采用数据统计和问卷调研的实证研究方法，对内容分析法进行补充，为系统动力学模型构建提供数据准备。数据来源主要包括企业 CSR 报告、公司年报、行业评估报告以及相关非营利组织的统计数据等。定量分析使用 SPSS 17.0 和 AMOS 5.0 等软件，进行描述性分析、频次分析、聚类分析、因子分析、回归分析、方差分析和结构方程建模等。

（4）系统动力学方法。Forrester 教授在 1956 年首次提出系统动力学，他于 1961 年出版的《工业动力学》奠定了系统动力学发展的基础。在 20 世纪 50 年代，系统动力学发展初期便广泛应用于生产领域和经济系统，用来解决库存控制、生产调节、劳动力雇佣等销售过程和匹配生产过程中的不稳定问题。系统动力学的出现，为认识现实系统、描述现实系统、将系统模型化、帮助管理者做决策提供了新的分析方法。我国有关系统动力学方面的研究始于 1980 年，近年来，系统动力学研究方法被用于开展各方面的科研工作，本书借鉴国内外学者研究 CSR 信息披露动力问题的经验和成果，通过"概念模型构建—因果关系分析—流图模型构建—语言表达—模拟"的系统动力学模型构建过程，探讨 CSR 信息披露问题。

（5）案例研究方法。案例研究在许多学科的相关领域研究中都被广泛应用，通过案例研究可以对某些现象或者事件进行描述和探索，建立新的理论，同时对现存的理论进行检验、发展或者修改，对案例进行探析还是能够找到现存问题解决方法的一个重要途径。案例研究可以利用单个案例来确认或者挑战一个理论，也可以包含多个案例，进行案例内分析及交叉案例分析。本书中采用定义分析单元，形成案例研究问题的系统化分解，综合运用文献阅读、访谈、现场调研、资料研读等方法获取案例分析所需要的知识，对 CSR 信息披露问题的相关结论进行实践检验和完善。

1.5.2　研究内容

连续曝光的食品安全问题、官员贪腐问题，以及近年来越发严重的雾霾问题激起了人们对企业行为可能产生的社会、环境影响的高度重视，透明公开的 CSR 信息披露一方面能够为企业带来收益（提高企业声誉等），但另一方面也将企业的负面问题暴露出来，加剧企业面临的风险。因此，CSR 信息披露成为企业普遍面临的两难选择，也逐渐成为学术界的研究热点问题之一。通过政府相关政策及相关立法的出台，第三方机构的积极促进，以及企业等各方的积极配合，CSR 信息披露水平呈现出良好的发展势头，但信息披露的质量却与 CSR 报告数量增长的速度并不成正比，针对此问题国内外学者进行了大量的探索，为推动 CSR 信息披露做出了巨大的贡献，为后来者的研究奠定了坚实基础。但是，还有一些研究空间有待跟进补充。

本书以探究 CSR 信息披露问题为出发点，以系统动力学方法为基础，针对 CSR 信息披露的过程推进问题，对 CSR 的发展趋势、CSR 信息体系的构建、CSR 驱动因素、CSR 信息披露的系统动力学模型构建等方面的内容进行了研究，并提出改善 CSR 信息披露的意见建议，详细内容如下。

1）新常态下的企业社会责任发展探析

无论是学术界还是企业间，都将 CSR 视为实现企业与社会可持续发展的核心因素，其重要程度不言而喻，且随着利益相关者对 CSR 的认知逐步深刻，各界对长期获利能力与社会正义以及环境保护相结合的期望也越来越高，而 CSR 报告所披露的内容为利益相关者在进行决策时提供了高品质的信息，基于这样的背景，GRI 推出了第四代指南，以最高品质、最新内容的指南帮助企业发布更加有效的 CSR 报告。本书中即以 GRI 4.0 为样本，对 CSR 的发展进行探究，并提出在新常态背景下，CSR 发展趋势有以下三个特点，包括认识的"单一"到"全面"、链化以及融入战略中去。

2）企业社会责任绩效评价体系构建

ISO26000《社会责任指南》的全球发布，已经引起国际上对 CSR 问题的广泛关注和响应，GRI 4.0 的推出更将 CSR 评价的问题推到了人们的视线当中，本书即以 ISO26000 指南和 GRI 4.0 标准所提出的核心主题为基础，在分析总结国内外学者研究结论的基础上，将 CSR 划分为劳动实践、经济、人权、公平运营、消费行为、责任治理、环境以及社区发展八大维度，并进一步通过问卷调查、访谈对国内企业进行调研，利用 SPSS、Lisrel 等数理统计软件对数据进行分析，进而构建具有良好的信度和效度的 CSR 绩效评价指标体系，为 CSR 评价提供了基础的同时，也为政府对企业履责水平的监督提供了范围和内容。

3）基于意义建构的企业社会责任驱动因素分析

本书基于意义建构理论分析了 CSR 的驱动因素，建立了 CSR 驱动因素的理论框架，并运用单案例研究方法，以壳牌石油的 CSR 实践为例，对该理论框架进行探索性研究，尝试为推动 CSR 实践和管理的发展提供案例借鉴。

4）企业社会责任信息披露的动力机制研究

已有研究多是基于数据的实证研究，主要涉及经济、风险回避、外部压力和内部治理四个方面，为深化理解 CSR 信息披露做出了巨大贡献。但是，还有一些研究空间有待跟进补充，主要表现在：第一，现有的实证研究只能够回答哪些因素影响 CSR 信息披露，却很难回答这些因素的影响机制问题。第二，鲜有立足于信息披露的过程进行探讨的研究，缺乏系统性，且较少同时考虑企业本身与利益相关者共同的期望，从信息传播的视角探讨 CSR 信息披露的过程。本书从信息的需求和供给角度出发，以收益-成本为基本考虑，立足整个信息传播系统，通过构建概念模型和系统动力学模型，对 CSR 信息披露及其效率问题进行研究，分析企业 CSR 信息披露系统中的影响因素及其作用机理，以"天津塘沽大爆炸"和"长江客轮翻沉"事件为例，探究 CSR 信息的披露过程及其影响因素的作用机制。

1.6　理论基础

1.6.1　利益相关者理论

利益相关者作为一个概念理论是由美国斯坦福研究所于 1963 年首先提出的，他们将利益相关者定义为这样一种团体：没有了他们的支持企业就不能生存。这个定义只明确了利益相关者对企业的影响，且利益相关者的范围只限于影响企业生存的那一小部分，因此，该定义具有一定的局限性。但是，这一概念让人们意识到除了企业股权所有者以外，还有一些能够影响企业生存的群体存在着。美国战略管理学鼻祖 Ansoff（1965）开创性地将利益相关者一词引入管理学界，认为"企业在制定目标时，必须综合考虑包括管理人员、工人、股东、供应商以及分销商等在内的不同利益相关者诉求"。

迄今为止，关于利益相关者的定义达 30 多种。其中 Freeman（1983）的观点最具代表性，他在《战略管理》一书中将利益相关者定义为能够影响组织目标实现或者会受到组织活动影响的人和群体。他不仅认为利益相关者是可以对组织产生影响的群体，而且还将会被组织活动影响的人或群体也纳入了这一内涵之中。Clarkson（1995）则在总结前人经验的基础上进一步提出，企业是由利益相关者组成的系统，其目标是为所有的利益相关者创造财务和价值，而非仅仅追求股东利益最大化。中国学者贾生华和陈宏辉（2002）则认为，利益相关者就是对企业进行了投资并因此而承担了一定的风险的个人或群体，这些个人或群体与企业之间是相互影响的关系。表 1-7 归纳总结了国内外有影响力的利益相关者定义。

表 1-7　国内外有影响力的利益相关者定义

作者	时间	定义
Freeman 和 Reed	1983	是能够决定企业存续的团体 广义上：既能够影响一个组织目标的实现，也会受到组织经营活动影响的个人或群体 狭义上：组织实现其目标必须依赖的人
Cornell 和 Shapiro	1987	是指那些与企业有契约关系的人
Alkhafaji	1989	是指那些公司对其负有责任的人
Carroll	1979	是指在公司中下了一种或多种赌注并且向公司索取收益的人或群体
Hill 和 Jones	1992	是指那些对企业有合法索取权的群体，通过向企业提供资源，以求得个人利益的满足
Clarkson	1995	是指那些在企业中有一定投入并因此而承担了一定风险的人或群体。他们享有对企业的所有权以及利益的索取权
Brenner 和 Cochran	1991	是指那些与企业有联系的人，是企业运营的前提条件
贾生华和陈宏辉	2002	是指对企业进行了投资并因此而承担了一定的风险的个人或群体，这些个人或群体与企业之间是相互影响的关系

有关利益相关者理论的应用中，第一个在理论研究上正式将利益相关者理论放入广义的 CSR 中的学者是 Wood（1991）。他在《再论公司社会表现》中指出，利益相关者不仅根据自身利益，也基于他们对 CSR 原则的理解与可接受度以及与公司社会表现的关系来对公司社会表现做出不同的评价。第一个在实证研究上从利益相关者管理高度来衡量公司社会表现的是 Clackson，他提出了"利益相关者管理模型"及其相关方法。他认为利益相关者管理模型有助于将公司

战略管理的概念建立在与公司主要利益相关者的关系和主要社会问题之上。至 20 世纪 80 年代末期以后，西方学者认识到仅仅界定出企业的利益相关者是不够的，由此兴起了对企业的众多利益相关者进行分类的高潮。其中米歇尔评分法最引人注目。

米歇尔评分法

Mitchell 等（1997）从企业利益相关者所必需的属性出发，对可能的利益相关者按照合法性、权力性和紧急性进行评分，即米歇尔评分法。在逻辑上和概念上，根据三种属性的组合，利益相关者可分为七种类型：具备三种属性中的一种，具备三种属性中的两种，以及同时拥有这三种属性（图 1-1），而在同企业关系中没有权利、合法性或者紧急性的实体不属于企业利益相关者。最终 Mitchell 就利益相关者拥有这三项属性的多少将该群体细分为三大类，分别为确定型利益相关者（包含三种属性）、预期型利益相关者（包含任意两种属性）及潜在型利益相关者（只包含一种属性）。

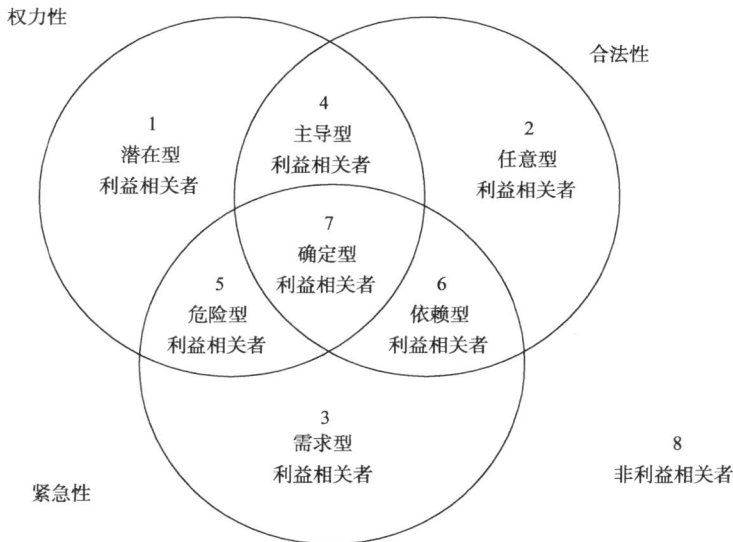

图 1-1　Mitchell 利益相关者分类

利益相关者是企业的利益来源及其合法性形成的基础。利益相关者掌握着企业生存和发展所需的关键资源，因此，管理者会适当地对利益相关者的相关诉求进行回应，并平衡相互冲突的利益相关者的需求（Huang and Kung，2010），以期能够持续、稳定地发展。企业为了获得利益相关者的支持、认可，除了在行为方面要符合要求，还应当注重与利益相关者进行沟通对话，CSR 信息披露就是一种重要的沟通方式（Gray et al.，1995）。随着企业对经济社会影响力度的增加，各界权利意识的增强，通过 CSR 信息披露与利益相关者进行沟通变得十分重要。

利益相关者理论为 CSR 信息披露研究提供了一个理论分析框架，有大量的关于 CSR 信息披露的研究运用了该理论。其中，Ullmann（1985）将利益相关者理论应用于对 CSR 活动及其信息披露行为的预测和解释，并构建了一整套完整的 CSR 理论框架模型，认为企业的 CSR 信息披露的目的在于缓解与利益相关者之间的冲突。该框架模型包括两个重要观点：第一，利益相关者的力量越大，其对 CSR 信息披露的要求就越被重视，企业也会更倾向于就利益相关者的信息需求进行积极的回应。第二，企业战略态势越积极，则利益相关者对企业的 CSR 信息披露行为的期望越高。Ullmann（1985）提出的理论框架模型为后续的 CSR 信息披露的研究提供了理论基础。

Roberts（1992）以利益相关者理论为支撑，实证分析了企业的 CSR 信息披露行为与利益相关者影响力、策略态度、经济绩效三者之间的相关关系，并指出 CSR 信息披露可以作为管理利益相关者和企业之间关系的有效方法。Deegan（2002）的研究发现，行业法规的修订会受到社会上权威组织的倡议的影响，进而会影响到企业的 CSR 信息披露。此外，Neu 等（1998）、O'Dwyer（2002）的研究都指出了利益相关者对企业的 CSR 信息披露行为的重要影响，并从利益相关者的视角出发，给出了改进 CSR 信息披露的建议。我国学者万里霜（2008）从利益相关者理论出发，对不同利益相关者的 CSR 信息需求的特点进行了分析，并提出了改善信息披露现状的意见建议。黄聪（2015）则以中石油为例，分析了利益相关者对企业的 CSR 信息披露的影响。

1.6.2　意义建构理论

戴艳军和李伟侠（2014）在 CSR 定义的基础上将企业价值决策过程划分为价值沟通、观点辩论和意义达成三个阶段，依据此定义，CSR 实际上就是企业与利益相关者共同的意义建构过程。该定义将责任的伦理内涵和管理内涵融为一体，克服了之前 CSR 定义不是否认责任的伦理内涵就是忽视 CSR 的管理内涵的理论缺陷，更好地整合了企业和利益相关者的价值需求。这一定义对探究 CSR 的驱动因素至关重要。

意义建构包括个人和组织两个层面，个人层面指的是个人建构环境认知的过程，组织层面指的是组织持续地构建合理的意义来合理化自身的行为。组织意义建构理论是 20 世纪 70 年代以来有代表性和影响力的组织理论，代表人物是当今美国著名的组织理论家 Weick，其代表著作是《组织社会心理学》和 *Sensemaking in Organizations*，他不仅是组织意义建构理论的提出者，而且是最早将组织意义建构理论引入组织危机和变化研究中的学者。组织意义建构理论的基本思想是"现实是一个持续的完成过程，它来源于不断地努力创造秩序并且会通过回溯来理解发生了什么事情"，即组织的目的是由组织行动者在行动过程中共同塑造的。一般认为，人们需要强有力的和具有魅力的领导为组织施加意义，而与此不同的是，Weick 特别强调组织行动者的行动和信念对组织发展的重要性。

在 Weick 看来，组织就是一个意义建构过程，行动和信念是驱动组织意义建构过程的因素。承诺和控制是行动驱动意义建构过程的重要机制。承诺是一个使明确的行为不可逆转的过程。一旦一种行动成为必然，那么人们就会选择一种信念为这种行动进行辩护。承诺通过"聚焦注意力，揭示现实未被注意的特点和赋予现实以价值观"的机制驱动意义建构过程。控制通过"创造一种人们可以理解和管理的环境"驱动意义建构过程。辩论和期望是信念驱动意义建构的两种形式。辩论是一个从一种观点推到另一观点的过程，在辩论过程中，组织成员需要解释行动的理由，因此，辩论是通过"在构建和批评解释的过程中组织成员发现新的解释"机制驱动意义建构过程。期望比辩论更为强烈、更具有引导性。与辩论驱动意义建构机制不同的是，期望是通过"引导解释和影响目标事件"的机制驱动意义建构。

组织意义建构理论对组织的关注点从静态的结构转向动态的过程，强调组织的变化和发展及其动力。作为一种强调以过程为导向的组织研究方法已经被用做分析组织中的变化过程的一种新的方式。因此不少学者也开始从意义建构的视角分析 CSR，世界企业可持续发展委员会将 CSR 定义为：企业采取合乎道德的行为，在推进经济发展的同时，提高员工及家属、所在社区以及广义社会的生活质量。CSR 的研究经历了从概念内涵的争议（Sethi，1975；Carroll，1979）到工具理论的发展（Aupperle et al.，1985；Wartick and Cochran，1985），到研究外延的扩展［企业公民（Epstein and Freedman，1994）、商业伦理（North，1994）、利益相关者理论（Freeman，1999）］等，再到管理应用（Frooman，1999；Arlow，1991；Davis and MacDonald，2010）的发展过程。自问世以来 CSR 的研究就一直存在着很大的模糊性和不确定性，主要表现在：第一，CSR 是一个涉及多学科的命题，学者对 CSR 的内涵以及如何履行 CSR 存在争议（李伟阳和肖红军，2011）。第二，Freeman（1999）是最早将利益相关者理论引入战略管理研究的，对股东至上理论提出了质疑。他主张在 CSR 管理中应考虑利益相关者参与，从而引领了始于 20 世纪 90 年代初的从利益相关者视角研究 CSR 问题的潮流，但利益相关者识别和优先级划分的问题又成了研究的主要困惑

（Mitchell et al., 1997；Bundy et al., 2013）。第三，Black 和 Härtel（2004）认为 CSR 是企业通过识别和回应企业与利益相关者关系中固有的责任，使企业适应复杂多变的社会环境。因此，承担社会责任具有社会性。

将意义建构理论引入组织为解决 CSR 的模糊性和不确定性提供了方向和方法。基于意义建构理论的 CSR 研究价值在于：它提供了一种基于过程视角研究问题的方法；为构建理解 CSR 的心理模型提供了基础（Basu and Palazzo, 2008）；将"偶然事件或危机"解释为提高有效性的机会而非威胁；提供一种与以往的组织观点不同的视角：认知和行动紧密相连（Weick, 1995）。

基于意义建构理论的 CSR 相关研究如下：Basu 和 Palazzo（2008）提出了意义建构的过程模型，并界定了认知（cognitive）、释义（linguistic）和意动（conative）三个维度来引导 CSR 活动的内在取向。Angus-Leppan 等（2010）基于意义建构理论研究了制度因素与领导力的交互作用对 CSR 实践发展的促进作用。Schultz 和 Wehmeier（2010）通过整合制度、意义建构和沟通的视角，分析了企业应如何制度化 CSR。Wagner 等（2013）基于新制度主义，从意义建构过程入手研究 CSR 建设以及实施的内部沟通问题。Golob 和 Podnar（2014）将意义建构与辩证系统化理论结合起来研究 CSR 的供应链管理。Chaidaroon（2015）则以麦当劳为例，认为 CSR 的意义建构与意义给赋之间的对等关系可以帮助消除消费者对组织的怀疑，提高忠诚度。

1.6.3　合法性理论

所谓的合法性是指，组织的行为或者态度既能够符合国际或国家范围内的具有强制力的法律的要求，也能符合社会上道德或道义的要求（O'Donovan, 2002）。也就是说，要得到社会的接受、认可和支持。Dowling 和 Pfeffer（1975）指出，当组织行为导致组织的社会价值体系与更大范围的社会价值体系之间产生实际的或潜在的不一致时，组织合法性就受到威胁，这可能会导致企业无法持续经营下去从而无法实现其目标。Sethi（1975）对这一观点进行了补充，认为当社会对组织行为的感知与社会预期不一致时也会出现合法性问题。Hybels（1995）强调人的态度在这一概念中的作用，认为合法性即组织行为、态度与人们的态度相符合。

Suchman（1995）认为，组织合法性指的是在一定的规范、价值、信念和定义的框架下，组织的行为被认为是可取的、恰当的感知和假定。这是目前学术界认可度最高的定义。进一步地，Suchman（1995）将组织合法性分为实效合法性、道德合法性和认知合法性三类。其中，实效合法性指的是，企业的产品或行为能够为利益相关者带来直接可见的利益，因而获得的合法性。道德合法性指的是，企业的行为符合社会的道德要求，因而获得的合法性。认知合法性指的是，企业本身或其行为能够被理解或认为是理所当然的，因而获得的合法性。举例来说，某品牌的篮球鞋因其设计、质量而受到消费者群体的喜爱及认可，那么，该品牌的企业就获得了实效合法性。在发生较大自然灾害的时候，企业对灾区进行人财物方面的支援，因此而获得的群众的认可即道德合法性。而对于一些企业虽然没有捐赠，但其没有捐赠的原因能够为公众所理解或者认可，此种情况下，它所拥有的合法性就是认知合法性。

合法性可以是企业在某种目的的驱使下主动行动的结果，也可能是企业被动回应的产物。Barkemeyer（2007）认为，组织的合法性可区分为战略视角和制度视角两种情景。在战略视角下，合法性被看做组织可以利用的一种资源，组织对其合法性的获得具有较强的管理操控权。而制度视角下，合法性能否获得的关键在于企业是否采取行动对其所在的制度环境进行适应，企业为获得合法性，需要受到一系列外部约束。从结果上看，二者没有区别，都是要获得社会的认可。从主动性来看，战略视角下的合法性是企业意愿的产物，对企业而言具有自愿性。而制度视角下的合法性则主要是社会意愿下的产物，对企业而言具有强制性。

合法性理论认为，组织与社会之间存在一种社会契约关系，任何违反或破坏这种契约的行为都将不利于组织在社会中的生存和发展，一个合法的组织就是一个遵守社会契约并支持社会发展的组织。组织与社会之间获得合法性是组织生存、发展的基本前提。因此，任何组织都有足够充分的理由和动力获得和维持其合法性。一方面，随着社会各界要求企业进行 CSR 信息披露的呼声越来越大，进行 CSR 信息披露本身就是企业获得合法性的必要行为。另一方面，企业通过适当的信息披露，可以影响有关方面对企业的合法性的认知或者判断。企业的管理者有动机进行适当的信息披露，使企业免受误解、质疑，并尽可能地树立好的形象。

国外关于 CSR 信息披露的研究中，合法性理论的应用十分广泛。Campbell 和 Beck（2004）甚至认为，在众多的应用于 CSR 信息披露研究的理论中，合法性理论的应用最为广泛。Lindblom（1994）、Deegan（2002）的研究也表明，CSR 信息披露行为可作为企业获取或证明自身行为战略"合法性"的重要手段。此外，Walden 等（1997）、Magness（2006）等关于 CSR 信息披露的研究都运用了合法性理论。这些研究以实证检验为主，强调 CSR 信息披露能够有效发挥出纠正公众对企业的误解、改变其对组织的认识和期待、宣传企业的良好社会绩效以改善形象、将公众的注意力从企业较差的财务绩效上转移走等作用。

我国学者较少有结合合法性理论进行 CSR 信息披露研究的。李诗田（2009）通过实证研究检验了合法性压力对上市企业 CSR 信息披露的积极影响。沈洪涛

（2010）则从合法性角度出发，分析了国有控股股东、董事会规模、独立董事、监事会、审计委员会、企业高管等对 CSR 信息披露水平的不同程度的影响。王倩倩（2013）也通过实证研究的方法识别出了企业规模、监管部门的法律法规压力、媒体压力、非营利性组织或行业协会等的压力与企业的 CSR 态度、战略之间的显著相关关系。

第2章　企业社会责任的发展趋势
——基于 GRI 指南的分析

随着人们 CSR 意识水平的提高，CSR 成为有重要战略意义的竞争力要素，其对企业发展的影响正逐渐扩大。GRI 具有十分广泛的利益相关者视角，其框架代表了最广大的利益相关者对企业践行社会责任的期望，反映了一定时期内 CSR 发展的方向。本章主要通过文献回顾法和内容分析法，以 GRI 及其《可持续发展报告指南》（以下简称《指南》）为样本，对新常态下的 CSR 发展进行研究，并提出相关建议，以期为政府和企业的有关决策提供思路。本章认为新常态下的 CSR 发展趋势有：认识的"单一"到"全面"、链化、融入战略中去。

GRI 成立于 1997 年，由美国非政府组织环境责任经济联盟（Coalition for Environmentally Responsible Economics，CERES）和联合国环境规划署（United Nations Environment Programme，UNEP）联合成立。如今，GRI 的秘书处位于荷兰的阿姆斯特丹，在澳大利亚、巴西、中国、印度、南非及美国设有区域办公室。GRI 于 1999 年第一次发布了《指南》的草拟本，并陆续地于 2000 年、2002 年、2006 年及 2013 年发布了新的版本。目前应用最为广泛的是 2006 年发布的 GRI 3.1 版本，而 2013 年 5 月发布的 GRI 4.0 的使用还处于一个过渡期。GRI 已经宣布，自 2016 年 1 月 1 日开始将不再认可基于 GRI 3.0 和 GRI 3.1 编制的报告，在此日期之后发布的报告都应当根据 GRI 4.0 编制。据关键定量指标数据库（Material and Quantitative Indicators Database，MQI）的 CSR 报告统计数据，相较于 GRI 3.0 和最新的 GRI 4.0，GRI 3.1 仍是使用最为广泛的报告指南。受新版指南的影响，GRI 3.0 的使用范围存在着明显的下降趋势，GRI 3.1 也有所下降，GRI 4.0 在 2014 年就为 77 家报告组织所使用，从而可以推测 GRI 4.0 将会得到更广泛的使用，如图 2-1 所示。值得注意的是，中国的发布报告组织中使用 GRI 报告指南的总数是在增加的，如图 2-2 所示。

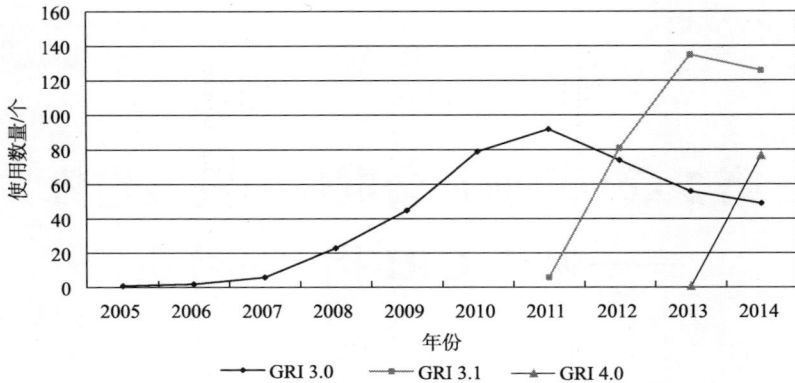

图 2-1　2005~2014 年 GRI 各版指南的使用数量变化对比

资源来源：MQI

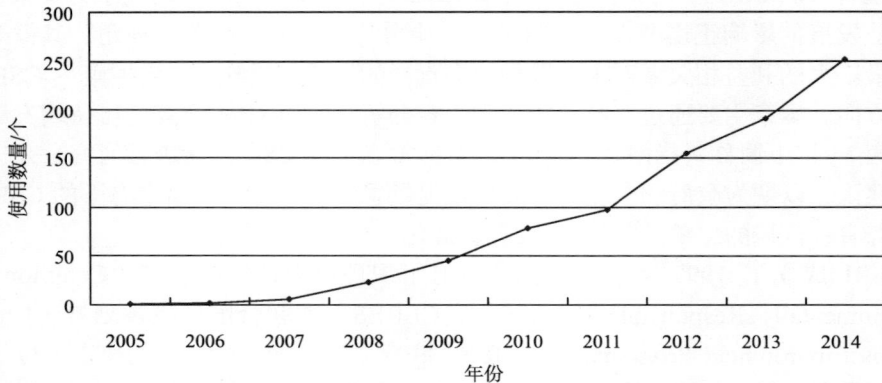

图 2-2　2005~2014 年 GRI 的指南在中国的使用数量变化

资源来源：MQI

另外，GRI 官网数据显示，在全球范围内自 2006 年发布 GRI 3.0 版指南至 2011 年间，采用 GRI 3.0 指南的报告组织数量年增长率在 22%~58%。截至 2015 年 6 月 27 日，就编写报告过程中存在的问题向 GRI 进行反馈的企业或组织共有 7 671 家，发布了共约 25 007 份社会责任报告，其中 19 130 份报告参照了《指南》的框架。

2.1　认识的"单一"到"全面"

从 GRI 发布的三版《指南》（包括 GRI 3.0、GRI 3.1 和 GRI 4.0）可以看出，GRI 关注的议题逐渐全面化，其报告的内容也不断丰富化。经济、环境和社会方面的内容都有一定程度的与时俱进，都在一定程度上阐释了多方利益相关者共同推动的 CSR 的未来发展方向。概括来说，《可持续发展报告指南》主要在对供应链企业进行责任审核、实质性两个方面有较大改进。本章对变化进行了详细的分析，并在分析的基础上，结合前人的研究成果以及当下 CSR 发展的现状，对 CSR 的发展趋势进行判断。

2.1.1　所关注议题的"全面化"

所谓的"单一"就是指对 CSR 认识的狭隘性；而"全面"指的是对这种狭隘性的消除。成立于 1997 年的 GRI 的前身是 CERES 和 UNEP，环境问题是这两个组织共同关注的重要议题。在 GRI 仍然是 CERES 下属部门之一时，就开始以多利益相关者参与的方式处理或应对问题。1998 年，刚成立不久的 GRI 开始建立涉及多方利益相关群体的小组，来协商制定《指南》。与以往只关注环境的做法不同的是，这次指南的编写明确提出要同时容纳经济、环境和社会三方面的内容。也就是说，GRI 的关注点由《环境报告指南》转变为《指南》，用以指导 CSR 报告的编写。由此可以看出，单一地关注环境这一问题而忽视经济和社会两个方面已经成为一种不合时宜的做法，全面认识 CSR 成为发展的必然趋势。

在早期，人们倾向于把 CSR 作为独立于法律责任和经济责任之外的概念。Davis（1960）把 CSR 定义为企业出于直接经济利益和技术利益之外的原因而做出的决策和采取的措施，并在 1973 年进一步地阐述了他的这一观点。McGuire（1963）把 CSR 看做企业在经济和法律义务之外的其他义务。美国学者 Wallich 等（1972）认为，CSR 必须是完全自愿的，如果由外力强加，那么当公司实施它们时就没有承担社会责任。在这种大背景下，也就不难理解为什么诺贝尔奖经济学家 Friedman（1962）会认为，如果企业管理者接受社会责任的观念，而不是尽可能地为股东创造价值，那么这种倾向会极大地毁坏自由社会的基础。在这个前提之下，企业的股东也被放到了社会利益的对立面。归根结底来看，Friedman 并不是反对现代意义上的 CSR，只是在他的那个年代，他听到的关于 CSR 的观念是有损于经济发展的，有损于股东利益的。很明显，这不符合现代 CSR 的内涵要求—— 和谐共赢。

2.1.2　CSR 内涵的"全面化"

在经历了数十年的争辩后，越来越多的学者对 CSR 内涵的认识开始出现转变，逐渐地把经济、法律、伦理、慈善等责任纳入 CSR 的框架之下。在前人研究成果的铺垫下，Carroll（1979）提出 CSR 包括社会在某一时段对组织的经济、法律、伦理和慈善的期望，他认为企业组织首先是社会的一个经济单位，社会希望企业生产产品、为客户提供服务并将产品销售出去以获得利润。这较之前的 CSR 认识是一个非常大的进步。同时，他的定义还包括企业应该回应社会对法律、伦理和慈善的期望。此外，一些主流的世界性组织，包括美国经济发展委员会、世界可持续发展商业委员会、英国的企业公民会社，都在各自的 CSR 定义中表现出全面性（表 1-1）。

除了这些国际性的组织以外，一些大型国际性企业的认识也突破了狭隘的瓶颈。2012 年《财富》世界 500 强排名第一的壳牌石油在 CSR 发展方面处于国际领先的地位，它在其发布的《2012 年度企业社会责任报告》中指出："我们在制定业务决策的过程中，从一开始就要综合考虑经济、环境和社会因素。这种做法对我们取得成功至关重要。它有助于我们规避项目延期的风险，同时减轻自身业务对环境和社会的影响。"排名第二的埃克森美孚同样地将经济、环境、社会作为其 CSR 的内涵。CSR 不再是以经济为牺牲的责任，不再是以环境为牺牲的责任，也不再是以社会为牺牲的责任，而是要达到和谐，并逐渐地得到普遍的认同。在中国，CSR 先行者——中国国家电网，在其《2014 年度企业社会责任报告》中提出要成为"可靠可信赖的责任央企"，把追求经济、社会、环境综合价值最大化，努力实现对可持续发展的贡献最大化作为公司要承担的社会责任。

2.1.3　责任主体规模大小

在践行 CSR 与企业规模的关系方面，为了能够破除人们对 GRI 3.0 和 GRI 3.1 中关于报告 A、B、C 等级划分的刻板理解，GRI 4.0 中不再使用 ABC 的划分方法，改用"核心和全面"两种报告类型，并在指南中反复阐述 GRI 的关于报告质量的观点：判断报告质量是好还是坏，主要看报告是否具有实质性；指南也反对根据运用标准数量的多少来给报告划分等级，承认并肯定不同的企业在 CSR 发展方面存在着差异。由此可以看出，企业是否有社会责任担当，与其规模大小、发展阶段、运营能力无关。那种认为只有大企业或者企业发展壮大后才应当承担起社会责任，微小企业或者刚起步的企业则可以得过且过的观点，是对 CSR 的错误理解，将逐渐被人们所摈弃。然而，需要注意的是，不同企业在践行社会责任的能力方面是有差异的。因此，结合自身企业实际，采取适合自身的 CSR 行为，不盲目跟风，是提升企业践行社会责任效率的最重要前提。

2.2　CSR 的"链化"

近 20 年间，理论界对供应链 CSR 的研究呈现出突飞猛进的发展态势。通过在外文数据库 EBSCO 中以 corporate social responsibility 和 supply chain 为关键词进行搜索发现，1995~2014 年相关论文总数量达到 758 篇，其中，1995~1999 年只有 7 篇，2000~2004 年有 66 篇，2005~2009 年有 265 篇，2010~2014 年达到 420 篇，呈现出明显的增长趋势（图 2-3），这说明供应链 CSR 问题得到了学术界越来越多的关注。此外，2013 年 5 月 31 日发布的 GRI 4.0 在内容上也新增了有关供应商的指标披露要求（具体见表 2-1），说明这一新交叉领域也同样引起了国际组织的高度重视。

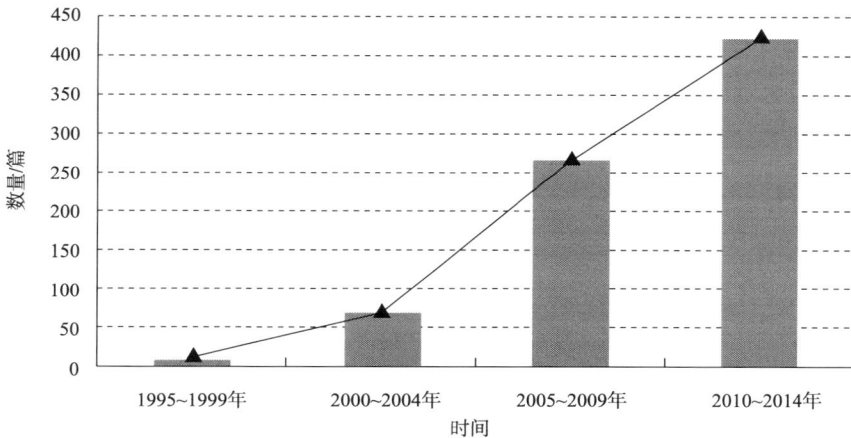

图 2-3　1995~2014 年四个五年中 EBSCO 中供应链 CSR 相关论文数量

表 2-1　GRI 4.0 中新增的有关供应商的指标

维度	新增指标
经济绩效指标	EC9：在重要运营地点，向当地供应商采购支出的比例
环境绩效指标	EN32：使用环境标准筛选的新供应商的比例
	EN33：供应链对环境的重大实际和潜在负面影响以及采取的措施
社会绩效指标	LA14：使用劳动实验标准筛选的新供应商所占比例
	LA15：供应链对劳工实践的重大实际和潜在负面影响以及采取的措施
	HR10：使用人权标准筛选的供应商比例
	HR11：供应链对人权的重大实际和潜在负面影响以及采取的措施
	SO5：使用社会影响标准筛选的新供应商的比例
	SO6：供应链对社会的重大实际和潜在负面影响以及采取的措施

由表 2-1 可知，在利益相关者看来，CSR 的发展已经不再是单一企业的事情，或者说 CSR 的边界又一次地被扩大了。Urbaniak（2015）调查发现，在近些年，企业在可持续发展方面的实践越来越多地受到其客户企业的监督和约束，这反映出 CSR 在实践中不再仅仅是"自己的事"。全球化的发展，给每一个企业都带来

更激烈的竞争环境，评判一个企业竞争力强弱的依据不再是单个企业的能力，该企业所在的供应链竞争力的强弱成为具有决定性影响力的因素。

市场竞争的本质不是企业和企业之间的竞争，而是供应链与供应链之间的竞争。自 Poist（1989）最先提出供应链 CSR 以来，这一概念似乎成为企业获取竞争优势至关重要的理念。Lysons 和 Farrington（2003）认为，CSR 之所以受到来自供应链领域越来越多的关注，是因为供应链中企业的社会责任管理行为会对供应链中的每个企业的声誉产生非常重要的影响。近年来，因供应链上其他企业的不负责任行为而遭受重大负面影响的事件比比皆是，其中影响较大的有肯德基的"问题鸡肉"、富士康的员工跳楼事件等。这些事件产生的影响都远远超出了当事企业的界限，尤其对供应链上的核心企业产生了非常不利的声誉损害。诚如 Fabian 和 Coopers（2000）指出的那样，现代经济系统已将供应链各合作伙伴打造成不仅在经济关系上，更重要的是在品牌、声誉、以供应链为依托的整体竞争力方面密切相关的利害共同体。

Bai 和 Sarkis（2010）、Dou 等（2014）调查发现，许多国际性的大公司通过提供咨询和培训帮助一些地方性的供应商企业满足 CSR 的内涵要求，主要集中于环境方面，包括环保材料、清洁技术的应用等，甚至通过项目的形式为供应链企业提供 CSR 实践上的全面帮助。这些项目多数旨在帮助供应链企业提高生产效率、改善工作条件和员工生活质量、避免对环境的破坏以及推动企业对利益相关者负责。中国移动公司在其 2013 年的 GSM（global system for mobile communication，即全球移动通信系统）天线集中采购项目的采购评审标准中设置了"企业综合实力"指标，引入关于是否通过 SA8000 认证的打分项，以考量供应商的劳动环境和条件、劳工权利、职业健康安全等责任表现。此外，中国移动公司还通过制度及规范向合作伙伴明确履责要求，开始探索在认证、核查中引入环境、劳工、人权、社会等评估要素，与合作伙伴共同提升履责表现。由此可以看出，一些大型企业对其 CSR 的管理已经超出了自身企业界限，开始"链化"。越来越多的企业对供应链企业的社会责任表现提出要求，这实际上对供应链企业的进入构建起准入"壁垒"。未来企业在发展过程中，如果不能做好自己的 CSR，便可能会面临被商业市场抛弃的风险。因此，CSR 也许并不一定会给企业带来商业利益，但是对于需证明自身"合社会性"的企业来说却是必不可少的。

在供应链中的企业之间并不是完全的平等关系，存在着核心企业与非核心企业之分。核心企业总是能够转嫁一些自身不情愿承受的事务给非核心企业，其中可能包括会影响企业正面形象的生产运营。余晓敏（2007）研究发现，核心企业（如跨国公司）经常性验厂让供应商失去议价能力，利润空间被挤压，导致劳工标准的整体下滑，一系列的劳工问题相继出现，如工伤、火灾、职业病、超时加班、使用童工、强迫劳动和低工资等。其实就是大企业处于某条供应链的核心地位，因而把生产效率低、利润小及污染大的项目承包给了非核心的发展中国家的企业，以逃避破坏环境之责及社会公众的不满。在这种情况下，要使 CSR 真正能够发挥其应有的功效，必须要在企业中实行责任"连坐"，责任"链化"。供应链里的所有企业作为一个共同的利益整体，必须共责。

CSR "链化"也反映出单个企业在践行责任时的"微小"。目前，虽然 CSR 在很大的范围内为人们所认可，多数企业也愿意在能力范围内积极履责，但缺乏系统性的现状让当下各个企业的履责行动效率低下。需要指出，负责任的企业并不是做到社会责任定义中包含的所有条目，并不是不惜一切地做慈善，保护环境、服务社区都是 CSR 内涵所倡导的。并非所有事项都与各个企业相关，正如 GRI 4.0标准强调的 CSR 应该重视"实质性"发展，与本企业经营管理活动融为一体。因此，企业在践行社会责任之初要识别其重要利益相关者及与自身关系密切的社会期望主题。Cochran（2007）在其研究中指出，集中精力于自己的优势领域，会更有助于解决社会需求问题。不仅如此，在未来，企业加强履责分工并积极加入责任链，是提高履责效率的重要策略。

松下对供应商 CSR 采购的要求

松下集团在推行事业活动的基础上，与供应商之间的良好合作伙伴关系是不可缺少的，希望充分发挥作为供应链一环的企业社会责任，作为松下集团的供应商也要求应遵守以下的 CSR 项目。

（1）对廉洁采购的赞同：赞同松下集团所提出的《公平且公正的采购活动（廉洁采购宣言）》，要求进行公平且公正的交易。

（2）品质以及产品安全的确保：要求确保与松下集团事业场间的交易基本合同以及个别合同中所要求的品质以及产品安全性，此外，确立并遵守品质保证书中所示的品质保证体制。

（3）环境的考虑（绿色采购）：积极地进行地球环境的保护和环境管理，要求按照松下集团推进的绿色采购的方针推进交付活动。

（4）法务以及社会规范的遵守，公正的交易：要求基于与松下集团事业场间的交易基本合同，遵守法令以及社会规范。

（5）信息安全的确保：作为可令顾客放心并愿意交易的全球企业，通过推进正确的信息安全，正确地处理和管理顾客的信息、个人信息、技术、质量、产品以及服务等的信息资产，正发挥着企业的社会责任。因此，也要求供应商达到与本公司同样的安全等级，并提示信息安全基准。

（6）对人权和劳动安全卫生的考虑：不进行强制劳动、不使用童工、不使用外国非法劳动者，包括工资和劳动条件在内的职工雇佣条件和安全卫生基准，要求遵守所在国家和地区的法令。

（7）社会贡献：透过对充分运用了经营资源的共同体的支援，积极地推进可为国际社会和地域社会发展做出贡献的活动。

资料来源：松下电器中国官网，http://panasonic.cn/

2.3　融入战略中去

《指南》中要求企业在其 CSR 报告的声明中列出短期、中期、长期的整体愿景和战略，特别是管理机构对经济、环境和社会的重要影响，并且阐述企业遵守的有关可持续发展的国际公认标准是如何影响自身长期战略的制定及成就实现的。这说明 GRI 有意引导企业将 CSR 与其发展战略联系到一起。麦肯锡公司及学者 Hirschland 通过调查均发现，公司的高层管理者已经开始意识到回应社会期望对建立竞争优势的重要作用，并且开始认真寻找把 CSR 融入战略中去的途径。世界六大石油公司之一的法国 Total 在其 2012 年 CSR 报告中表示"CSR 已嵌入我们的企业战略""CSR 深深地嵌入了 Total 的 DNA""Total 的一切工业和商业过程都必须考虑社会因素和环境因素"等。

把 CSR 融入战略中去指的是企业要站在战略的高度认识 CSR，全面地看待它、审视其对企业的重要战略意义，不把 CSR 等同于纯粹的慈善，不把它等同于作秀，不把它等同于追求利润的工具，更不能把它视为外界施加给企业的累赘。要认识到 CSR 对于实现可持续发展、构建长远竞争优势、助力和谐社会建设的重要意义。同时，还要制定合适的 CSR 战略，指导企业践行 CSR。

2.3.1　战略性 CSR

Burke 和 Logsdon（1996）最早提出"战略性 CSR"这一术语，认为 CSR（政策、项目或流程）能给企业带来大量的商业利益，就是战略性的，并提出了 CSR 战略性的五个维度，即 CSR 项目与企业使命和目标的一致性、CSR 项目的专用性、按环境趋势来规划行为的前瞻性、不受外部制约而自由决策的自愿性和赢得认可的可见性。他们认为企业和社会是可以实现双赢的，CSR 战略和其他职能一样有利于回报投资者，当 CSR 能够切实促进企业的核心业务和企业使命的时候，CSR 就上升至战略的高度。同时他们指出战略性 CSR 行为可以使企业实现生产率提升、顾客忠诚、新产品和新市场的开发等目标，从而为企业创造价值，提高企业经济效益。Porter 和 Kramer（2002）以竞争优势理论为基础，提出了战略性慈善事业的概念，即实现企业经济和社会效益的双赢状态，丰富了战略性社会责任的内涵和外延。

Husted 和 Allen（2007）对 Burke 和 Logsdon 的"五维度"模型进行了修正，将战略性 CSR 定义为四种能力：一是为企业的资源和资产组合设置一致目标的能力（一致性）；二是先于竞争对手获得战略性要素的能力（前瞻性）；三是通过顾客对企业行为的感知来建立声誉优势的能力（可见性）；四是确保企业创造的价值增值为企业所独占的能力（专用性）。除此之外，他们把具有明显创造竞争优势意图的战略性 CSR 定义为 CSR 战略，这种战略是为了获取长期的社会目标和创造长期的竞争优势，是企业对自己在社会问题方面的定位。

宝马的战略性 CSR

2016 年是宝马集团诞生 100 周年，也是宝马集团的"战略之年"，2016 年宝马将 CSR 战略升级，从过去的慈善性公益升级为战略性 CSR。宝马集团在迎来"下一个 100 年"之际，提出了"全新第一战略"企业发展蓝图，并由此延伸出更为明确的战略性 CSR 的发展方向，也即充分利用宝马的核心能力履行企业社会责任，结合企业专长与资源推动社会变革，寻求社会问题的长期有效解决方案。

为贯彻这一战略转型，2016 年 9 月 19 日，宝马集团宣布与中国人民对外友好协会合作发起"BMW 未来出行青年实践营"，该项目为期三年，旨在鼓励年轻一代关注交通出行这一社会话题，并参与到出行解决方案的创想与设计之中，由此促进有关各方的交流与对话，创建更加安全、环保和便捷的未来出行方式。

2016 年 9 月初，在"全新第一战略"的背景下，宝马在成都发布了新能源车发展战略；现在，宝马集团将同步升级 CSR 战略，以充分发挥自身的核心竞争优势，为社会创造更多价值。事实上，宝马集团在中国的 CSR 践行已非一日，在学校教育领域，宝马集团开展"BMW 童悦之家儿童关爱计划"和"华晨宝马质量教育公开课"等公益行动，帮助中小学生理解质量安全的重要性；"BMW 中国文化之旅"对中国非物质文化遗产的探访和捐助已近十年；2005 年在全国范围内开展的"BMW 儿童交通安全训练营"旨在助力儿童安全出行；成立于 2008 年的宝马爱心基金的受益群体已达到十万人次。

资料来源：商道纵横：新闻中心

2.3.2　CSR 战略

和企业的人力资源战略、研发战略等相似，CSR 战略是公司职能战略的一种，是关于如何践行 CSR 的总体谋划。世界上最具代表性的 CSR 战略类型是由 Wilson 首先提出，后由 Wartick 和 Cochran（1985）进行完善的 RDAP 模型[①]。该模型共包含四种可供选择的 CSR 战略类型，分别是消极反应型战略、防御型战略、适应型战略和预反应型战略。此外，Hummels 和 Karssing（2000）针对 CSR 划分了三种不同的战略，即合法服从战略、整合战略和对话战略。合法服从战略是指企业按照法律要求来实施最基本的 CSR；整合战略是指企业通过对员工的管理和沟通，将企业承担 CSR 的价值观融入企业的战略管理中；对话战略是指关注企业利益相关者的期望，这种战略注重对企业利益相关者观念、利益和价值的响应。企业努力从多变的环境及与外部机构的沟通中不断学习。

我国学者曹华林等（2010）认为 CSR 战略是一个承诺系统，是将企业的社会责任理念和标准作为企业核心价值观的重要组成部分融入企业愿景与使命中，并且协调企业的发展目标，与企业发展战略相匹配，与利益相关者实现共赢，从而提高企业的竞争力，实现企业可持续发展的一种新型战略形式。欧阳润平和宁亚春（2009）则对 CSR 战略的分类和实施模式进行了研究，将此种战略分为义利共存战略和义利共融战略。

综合以上观点，本章认为战略性 CSR 是一种整体的公司层战略，而 CSR 战略则是公司职能战略的一种，图 2-4 较好地定位了二者的概念。

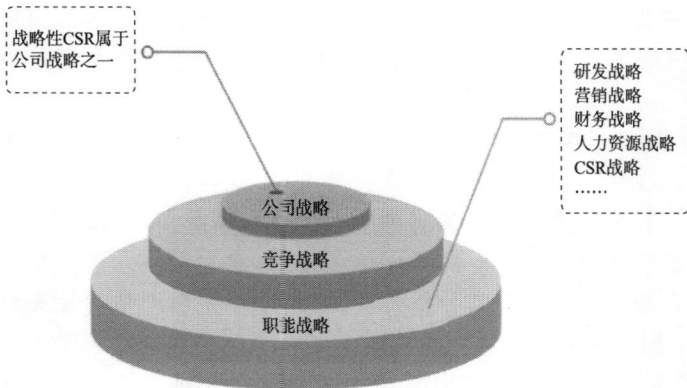

图 2-4　战略性 CSR 与 CSR 战略

① RDAP 模型：其中 R（reactive）为对抗型，D（defensive）为防御型，A（accommodative）为适应型，P（proactive）为预见型。

世界商业可持续发展委员会（The World Business Councilor Sustainable Development，简称 WBCLD）认为企业应有更宽广的视野，能跟踪社会期望的变迁实施 CSR 战略，进而控制企业风险和发现新的市场，实现社会价值和企业价值的一致性，不仅能提高企业声誉，也可保持公众对企业的支持。理解 CSR 的重要意义不是一件难事，如何把 CSR 嵌入战略中去却不是一件容易的事情。企业是社会的经济引擎，追求利润是每一个企业的重要社会责任之一。然而，如今突出的环境问题、社会问题把 CSR 变成了每一个企业夺取竞争优势的新战场。企业不仅要关注如何满足其股东的需求，还要最大化地满足来自社会方面的需要，而 CSR 战略对同时达到这些要求具有重要的意义。在这种情况下，最先理解 CSR 内涵，并探索出如何把 CSR 融入战略中去的企业一定会因其由此而生的竞争优势在未来赢得主动。

沃尔玛的 CSR 战略

2017 年 1 月，以"公益社会，你'沃'共担"为主题的 2017 沃尔玛（中国）企业社会责任论坛在京举行。沃尔玛中国发布了 2017 年 CSR 战略与目标，将重点关注女性经济自立、儿童食品安全与营养、可持续发展与社区服务三大领域。同时，沃尔玛宣布将通过 2016 年 10 月"你'沃'一起，为爱加餐"公益活动筹集到的 265 万元善款捐给中国扶贫基金会，用于改善贫困地区学生营养状况。

沃尔玛中国公司事务高级副总裁付小明表示：1996 年进入中国以来，沃尔玛在发展业务的同时积极投身公益事业，致力于回馈社会。沃尔玛中国 2017 年 CSR 战略是根据沃尔玛全球企业社会责任的重点领域，并结合中国经济和社会发展现状制定的，将更有助于发挥沃尔玛自身优势。

在"女性经济自立"方面，沃尔玛承诺 2017 年将进一步加大投入，借助强大的全球供应链体系推动女性拥有企业等项目发展，并通过精准扶贫帮助更多有需要的女性。从 2010 年到 2016 年底，沃尔玛已为"女性经济自立"中国项目累计捐出超过 9 100 万元人民币，令 17 万名女性受益。

"儿童食品安全与营养"是沃尔玛 CSR 的另一个主要领域。沃尔玛致力于改善贫困地区儿童营养状况。2016 年 10 月，沃尔玛携手中国扶贫基金会、腾讯公益以及主要供应商和顾客发起捐款，通过顾客捐赠、沃尔玛和供应商配捐的创新形式募款，款项将全部用于贫困地区儿童营养餐和为贫困地区学校建设现代化爱心厨房。截至 2017 年 1 月，沃尔玛已累计捐出约 700 万元人民币用于爱加餐项目，并为超过 20 所小学的 5 000 名学生提供营养加餐、爱心厨房和营养宣教。沃尔玛食品安全协作中心计划在未来 5 年内，投资 2 500 万美元用于食品安全应用科学、教育和传播领域的研究项目，助力中国提升食品安全水平。食品安全中心的"儿童食品安全"项目，采用高科技的虚拟现实技术推广儿童食品安全教育，2017 年将在更多城市落地开展。

拥有强大供应链体系的沃尔玛十分重视将可持续发展融入供应链及运营的各个环节。从 2005 年开始，沃尔玛将可持续发展作为其全球至关紧要的使命，制定了"可持续发展 360"战略，并为三大目标而努力，包括百分之百使用可再生能源；"零"浪费；出售利于资源和环境的商品。在此基础上，2016 年 11 月沃尔玛提出了未来几年指引沃尔玛在社会及关键议题上应担责任的战略蓝图，除了在运营及供应链旳各个环节深入贯彻可持续发展的理念，沃尔玛还致力于引进并售卖更多的可持续海产品、提高自有品牌商品所使用的原料中可持续棕榈油的比重。

资料来源：商道纵横；新闻中心

第 3 章　企业社会责任信息体系的构建

　　本章所构建的 CSR 信息体系以 ISO26000《社会责任指南》和 GRI 4.0 标准所提出的核心主题为基础，结合国内外学者的相关研究成果，其主要内容包含八个方面的社会期望主题，即劳动实践、经济、人权、公平运营、消费者问题、责任治理、环境和社区发展。本章采用问卷实证研究的方法对该知识体系进行验证。首先，采用文献研究、访谈和问卷调查相结合的方法，以上述八个主题为基础开发相应的 CSR 测量量表；其次，对中国 203 家企业进行调研并获得相应的数据；最后，采用 SPSS、Lisrel、AMOS 等社会统计学软件对数据进行分析处理，验证量表的信度和效度。CSR 信息体系的构建与验证明确了 CSR 的内涵和外延，为 CSR 领域的研究奠定了基础，同时为企业化责任为创新动力提供了方向，为 CSR 的实施提供了一定程度的指导，为政府相关部门的 CSR 监管工作提供了更为细致的范围和依据标准。

3.1　现有企业社会责任评价体系

　　目前，学术界对于 CSR 评价体系的研究较为广泛。多数评价体系的构建基于社会期望主题或者利益相关者诉求，因此，对于 CSR 评价体系的回顾有助于本章 CSR 信息体系的构建。已经被广泛关注的 CSR 评价体系具有代表性的有美国的多米尼社会指数（Domini 400 Social Index）和道琼斯可持续发展指数（The Dow Jones Sustainability Indexes，DJSI），国内目前被主要关注的有中国社会科学院的 CSR 发展指数和《南方周末》的责任榜。

3.1.1　多米尼社会指数指标体系

　　多米尼社会指数是美国 KLD 公司创建的一种评价企业与相关利益者之间关系

的独立的社会责任数据库。多米尼社会指数从社区关系、公司治理、多样性、员工关系、环境、人权、产品质量与安全七个企业社会期望和利益相关者维度对企业的社会责任表现进行评价和排名。

多米尼社会指数的社会研究结果收录于 Socrates and the Socratics 数据库，是一个衡量企业社会绩效和环境绩效方面的网络公开数据库，它向用户提供了关于美国企业和非美国企业社会表现记录的全面研究报告。多米尼社会指数指标体系包含两部分，即社会指标和有争议的商业条款。社会指标衡量企业在社会期望和企业利益相关者利益方面的 CSR 行为；有争议的商业条款衡量企业在和社会投资者利益方面有关的商业领域的参与程度。多米尼社会指数社会责任指标体系如表 3-1 所示。

表 3-1　多米尼社会指数社会责任指标体系

维度	正分	负分
社区关系	慷慨的捐赠 创新性的捐赠 对美国以外的非营利组织的慈善捐赠 义务性的活动 对弱势群体的住房支持 对弱势群体的教育支持 其他	企业因投资等活动引起了争议 企业活动给社区带来了有争议的经济影响 其他有争议的行动
公司治理	对公司股东和管理层有限的报酬支付 其他（如创新性报酬支付、独特而积极的企业文化等）	对股东和管理层过高的报酬支付 企业在税收方面陷入争议 其他（如企业的会计问题）
多样性	首席执行官是女性或者来自弱势群体 显著性地提升女性或者弱势群体的工作职位 女性和弱势群体在董事会中的人数不少于三分之一 雇员福利政策 与妇女及弱势群体所有企业签订业务合约 企业雇佣残疾人 其他	企业因为某些有争议的问题受到质疑 董事会或者高管层中没有女性 其他
员工关系	企业有良好的工会关系 企业有现金分红政策并实施这一政策 企业鼓励雇员参与企业股票购买和管理决策等 企业有良好的退休政策 其他（如良好的员工职业健康政策）	企业没有良好的工会关系 企业无良好的雇员健康和安全标准 企业近年来大规模裁员 企业退休政策不充分或退休金不足 其他

续表

维度	正分	负分
环境	制定政策以减少有毒物质排放 回收废弃材料 企业采用替代的燃料或者经营这些燃料 注重环境方面的沟通 其他	企业排放破坏臭氧层的气体 企业排放有毒化学物质 企业生产农业化学制剂等 产品为煤、油或其衍生物，包括电企 其他
人权	企业尊重当地国家主权、人权、知识产权等 劳工制度透明化，尤其是在海外有良好的劳工关系 其他（如企业积极采取措施以促进人权发展）	企业在缅甸经营业务 劳工关系恶劣或经营血汗工厂、雇佣童工、和当地社区关系紧张等 其他
产品质量 与安全	企业产品可靠 主动研发和产品技术创新 向经济弱势群体提供特殊的产品服务 其他	企业产品存在安全问题 不当的市场策略，或者不按合同办事 企业违反反托拉斯法 其他

多米尼社会指数

多米尼社会指数是美国第一个以社会性与环境性议题为筛选准则的指数，由 Kinder、Lydenberg 及 Domini & Co. Inc.（三者合称为 KLD）在 1990 年 5 月创立并开始应用。多米尼 400 社会指数提供给社会责任型投资者一个比较基准，并可进一步了解社会责任型评选准则对财务绩效上的影响。

在指数的建立过程中，首先是由 KLD 使用标准普尔 500 指数中一些传统的社会性筛选准则来筛选，大约有一半列名在标准普尔 500 指数中的公司符合了第一阶段的筛选。而剩下大约 150 家非列名在标准普尔 500 指数中的公司则需要再列入此指数中，但这些公司必须符合两个目标：一是考虑这些公司必须能具有广泛的产业代表性，以期能充分反映现存市场的状况给社会责任性投资人。二是要能界定出具有强烈 CSR 性质的公司。虽然多米尼 400 社会指数是以标准普尔 500 指数中列名公司为首先选择基础，但并不代表多米尼 400 社会指数尝试去复制标准普尔 500 指数。因为多米尼 400 社会指数只是尝试去反映现存股票的市场行为，提供给一般社会责任型投资者作为参考。

多米尼 400 社会指数被认为是评价公司社会责任较好的方法，主要是因为一方面它反映了社会投资者的关注。上市公司是独立于其他企业而由相关的社会标准进行评价的，这样就可以在一定程度上增加评价的公正性和客观性。另一方面，它涵盖了诸多行业里的公司，允许研究者跨越时间纬度对公司社会责任进行连续评价，可以较好地评估公司社会责任状况的变化。

资料来源：百度百科

3.1.2　DJSI 指标体系

DJSI 颁布于 1999 年，主要是从经济、社会及环境三个方面，以投资角度评价企业可持续发展能力，是世界上最早的衡量世界领先的企业在可持续发展方面的财务绩效标准，也是在世界范围内专门追踪在可持续发展方面走在前列的企业表现指数。DJSI 认为可持续发展与企业的财务绩效间存在密切的联系，可持续发展是对传统投资模式的有效补充。DJSI 每年都会修正该指标，指标分为两类，即通用标准和与特定产业相关的标准。通用标准适用于所有产业，其选定基于对产业可持续发展所面临的一般性挑战，包括公司管理、环境管理和绩效、人权、供应链管理、风险危机管理和人力资源管理等；与特定产业相关指标的选择主要考虑特定行业所面临的挑战和未来发展趋势，两类指标权重各占总权重的 50%。它采用在线问卷调查、查阅企业文件和政策、对新闻媒体和利益相关者进行分析、实地调查和访问企业等多种方法获取所需信息完成 DJSI 评估。指标及权重如表 3-2 所示。

表 3-2　DJSI 指标体系

维度	指标	权重
经济因素	产品规则/反贪污	4.8
	公司治理	4.8
	投资者关系	4.8
	风险管理/危机管理	4.8
	客户关系管理	4.2
	行业特定标准	依行业而定
环境因素	环保政策/环境管理	4.8
	环保方面的行为	6.0
	环保公报	2.4
	行业特定标准	依行业而定
社会因素	人力资本开发	4.8
	劳工政策	4.8
	吸引高层次人才的行为	4.8
	股东参与和互动	4.2
	企业慈善行为	3.0
	社会公告	2.4
	行业特定标准	依行业而定

DJSI 通过一套比较复杂的分值计算体系，分析目标企业在经济、环境和社会方面的绩效表现，复合计算得出被评估企业得分值：可持续分值=∑（问题得分×指标权重×问题权重）。这套分值计算体系首先总体上对经济因素、环境因素和社会因素分配等同的比例，但对不同的标准分配不同的权重，并考虑企业所处的特定的行业因素，以及一般性行业因素。与产业有关的指标的权重如何确定以及具体评分标准在 Dow Jones 的公开资料中没有发现。

道琼斯可持续发展指数

DJSI 颁布于 1999 年，是全球最重要的公司可持续发展能力评价指标体系之一。该指标体系具有两个重要特点：第一，DJSI 是一套指标体系。除了包括反映的产业共同面临的挑战的通用指标之外，指标体系中具体指标的内容及权重还依照所分析行业的不同有所调整，这使不同的行业之间更有可比性。第二，DJSI 以调查问卷作为评价数据的主要来源，在分析过程中，以公司报告、媒体报道或是直接与公司联系等方式对问卷结果作必要的验证，从而保证了分析数据的可靠性。

DJSI 在全球范围内追踪在可持续发展方面走在前列的企业表现，并为资产管理者的可持续性投资组合提供客观可靠的基准。入选该指数的公司必须符合各项严格的评选标准。在深入分析企业在经济、环境和社会等方面的综合表现后，DJSI 每年发布一份系列评估，评估标准涵盖了公司治理、风险管理、品牌创建、缓解气候变化、供应链标准、劳工活动等。DJSI 将所有企业分为 19 个大行业和 57 个细分行业，并设有行业特有的可持续性评估标准。

资料来源：百度百科

3.1.3　中国 100 强 CSR 发展指数指标体系

中国 100 强 CSR 发展指数的指标体系设计参照了约翰·埃尔金顿（John Elkington）的三重底线的概念模型，认为社会责任就是对社会其他利益相关者的责任，构建了由责任管理、市场责任、社会责任、环境责任组成的"四位一体"的理论模型，如图 3-1 所示，并在此结构的基础上制定了相应的评价指标体系，如表 3-3 所示。

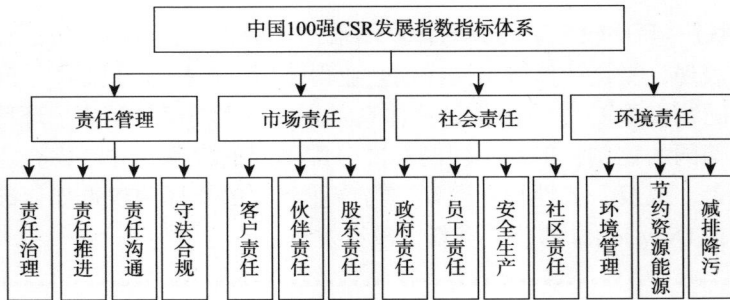

图 3-1　中国 100 强 CSR 发展指数指标体系结构

表 3-3　中国 100 强 CSR 发展指数（2010）指标体系

一级	二级指标	三级指标
责任管理 （37项）	1.责任治理 （7）	（1）机构决策者就可持续发展的声明；（2）建立 CSR 领导机构；（3）明确核心业务的影响、风险和机遇的描述；（4）明确社会责任理念；（5）培育责任文化；（6）关心世界性问题；（7）社会责任国际化
	2.责任推进 （9）	（1）明确 CSR 主管部门；（2）建立专门社会责任部门/社会责任专员；（3）CSR 发展规划；（4）CSR 培训；（5）CSR 指标体系；（6）推动下属企业履行 CSR；（7）推动合作伙伴（上下游企业）履行社会责任；（8）CSR 风险管理；（9）社会责任活动监控和检查程序
	3.责任沟通 （15）	（1）明确利益相关方；（2）利益相关方需求调查；（3）企业内部社会责任沟通机制；（4）高层领导参与的内部社会责任沟通与交流；（5）企业外部社会责任沟通机制；（6）高层领导参与的外部社会责任沟通与交流；（7）公司主页上有 CSR 专栏；（8）发布社会责任报告；（9）第几份社会责任报告；（10）是否发布 2009 年社会责任报告；（11）CSR 报告参考标准或指引；（12）CSR 报告披露负面信息；（13）报告数据纵向可比性；（14）报告数据横向可比性；（15）报告可信度评价
	4.守法合规 （6）	（1）合规体系；（2）制定行为规范；（3）守法合规培训；（4）培训绩效；（5）反商业贿赂措施；（6）反腐败措施
市场责任 （27项）	1.客户责任 （11）	（1）客户关系管理体系；（2）支持产品服务创新的制度措施；（3）研发投入；（4）研发人员数量及比例；（5）专利数；（6）新产品销售额；（7）重大创新奖项；（8）产品质量管理体系；（9）产品合格率；（10）产品召回制度；（11）设计过程中考虑产品安全因素
	2.伙伴责任 （11）	（1）价值链社会责任评估和调查；（2）战略共享机制及平台；（3）责任采购制度；（4）责任采购比率；（5）责任贸易；（6）诚信经营的理念与制度保障；（7）公平竞争的理念和制度保障；（8）诚信经营和公平竞争培训；（9）合同履约率；（10）信用评估等级
	3.股东责任 （5）	（1）成长性；（2）收益性；（3）安全性；（4）投资者关系管理体系；（5）宏观经济环境变化对财务绩效的影响及对策
社会责任 （60项）	1.政府责任 （4）	（1）响应宏观政策；（2）纳税总额；（3）确保就业及（或）带动就业的政策或措施；（4）报告期内吸纳就业人数
	2.员工责任 （38）	（1）遵守国家劳动法律法规；（2）劳动合同签订率/集体合同覆盖率；（3）社保覆盖率；（4）员工入会率；（5）禁止强迫劳动；（6）确保安保人员尊重人权；（7）保护雇员个人信息和隐私；（8）确保体面劳动的制度和措施；（9）社会对话机制和集

续表

一级	二级指标	三级指标
社会责任 （60 项）	2.员工责任 （38）	体谈判机制；（10）兼职、临时工和分包商员工权益保护；（11）向员工提供有竞争力的薪酬；（12）每年人均带薪休假天数；（13）平等雇佣制度；（14）男女员工工资比例；（15）女性管理者比例；（16）残疾人雇佣率或雇用人数；（17）职业病防治制度；（18）职业病发生次数；（19）员工劳动保护的制度及措施；（20）员工劳动保护资金投入；（21）特殊条件作业津贴制度及覆盖面；（22）参加培训员工比例；（23）员工心理健康制度/措施；（24）职业健康培训；（25）体检员工比例；（26）健康档案覆盖率；（27）组织员工进行急救培训；（28）员工培训制度；（29）员工职业发展规划；（30）全年培训投入或人均培训投入；（31）员工培训绩效；（32）民主管理与厂务公开；（33）员工意见、建议传达到高层的渠道；（34）为特殊人群（如孕妇、哺乳妇女等）提供特殊保护；（35）确保工作生活平衡；（36）困难员工帮扶投入；（37）员工满意度；（38）员工流失率
	3.安全生产 （6）	（1）安全生产管理体系；（2）安全应急管理机制；（3）安全教育与培训；（4）安全培训绩效；（5）安全生产投入；（6）员工伤亡人数
	4.社区责任 （12）	（1）评估运营对社区的影响；（2）支持社区成员（尤其是弱势群体）的教育和终身学习；（3）本地化采购政策；（4）本地化采购比例；（5）员工本地化政策；（6）本地化雇佣比例；（7）捐赠方针；（8）建立公益基金/基金会；（9）捐赠总额（万元）；（10）国际公益；（11）员工志愿者活动制度/措施；（12）员工志愿者活动绩效
环境责任 （37 项）	1.环境管理 （11）	（1）环境管理体系；（2）环境事故应急机制；（3）绿色采购；（4）环保培训；（5）环保培训绩效；（6）环保总投资；（7）环保技术、设备的研发与运用；（8）环保产品的研发与销售体系；（9）环保公益；（10）新建项目环境评估制度；（11）在工程建设中保护自然栖息地、湿地、森林、野生动物廊道、农业用地
	2.节约资源 能源（14）	（1）节约能源政策措施；（2）单位产值/销售额能耗；（3）节约水资源政策、措施或技术；（4）单位产值水耗及水资源节约量；（5）单位产品新水使用量；（6）鼓励使用可再生能源的政策、措施或技术；（7）可再生能源使用量或使用率；（8）废水循环利用的制度、措施；（9）循环水利用率；（10）固体废弃物、废渣循环利用的制度、措施；（11）余能余热回收利用的制度、措施；（12）产品和包装回收再利用的制度和措施；（13）绿色办公政策或措施；（14）绿色办公绩效
	3.减排降污 （12）	（1）减少废气排放制度/措施；（2）二氧化硫排放量及减排量；（3）烟粉尘排放量及减排量；（4）减少废水排放制度/措施；（5）COD 排放量及减排量；（6）减少废渣排放制度/措施；（7）废渣排放量/单位减排量；（8）生产噪音治理；（9）厂区及周边生态环境治理；（10）积极应对气候变化；（11）温室气体排放量及减排量；（12）因商务旅行而产生的二氧化碳排放量
调整项 （19 项）	1.负调整项 （9）	（1）责任管理负面信息；（2）股东责任负面信息；（3）伙伴责任负面信息；（4）客户责任负面信息；（5）政府责任负面信息；（6）员工责任负面信息；（7）安全生产负面信息；（8）社区责任负面信息；（9）环境责任负面信息
	2.正调整项 （9）	（1）责任管理获奖；（2）股东责任获奖；（3）伙伴责任获奖；（4）客户责任获奖；（5）政府责任获奖；（6）员工责任获奖；（7）安全生产获奖；（8）社区责任获奖；（9）环境责任获奖
	3.领先实践 （1）	（1）领先的责任管理措施

中国 100 强 CSR 发展指数的指标体系包括 5 项：责任管理（4 类 37 项）、市场责任（3 类 27 项）、社会责任（4 类 60 项）、环境责任（3 类 37 项）、调整项（3

类 19 项）；二级指标共计 17 项；三级指标共计 180 项。指标赋值分为：①根据各行业指标体系中各项 CSR 内容的相对重要性，运用层次分析法确定责任管理、市场责任、社会责任、环境责任四大类责任板块的权重；②根据指标的实质性和重要性，为每大类责任板块下的具体指标赋权。指标评分根据 CSR 报告、企业年报、企业官方网站披露的信息进行评分。评分计算公式为

$$CSR指数初始得分 = \sum_{j=1,2,3,4} A_j \times W_j$$

其中，A_j 为企业某社会责任板块得分；W_j 为该项责任板块的权重。初始得分加上调整项得分就是企业在所属行业下的社会责任发展指数得分。如果企业被确定为混业经营，则该企业的 CSR 指数最终得分为

$$CSR指数得分 = \sum_{j=1,2,\cdots,k} B_j \times I_j$$

其中，B_j 为企业在某行业下的社会责任发展指数得分；I_j 为该行业的权重。各行业权重按照行业的社会责任敏感度设定，跨两个行业的企业，按照"6：4"原则赋权，高敏感行业权重为 60%，低敏感行业权重为 40%；跨三个行业的企业，按照"5：3：2"原则赋权，由高到低，按行业权重为 50%、30%、20%分配。

中国 100 强 CSR 发展指数

中国 100 强 CSR 发展指数是中国社会科学院经济学部企业社会责任研究中心 2009 年开始研发推出的年度综合指数。该指数从责任管理、市场责任、社会责任、环境责任等方面，以企业社会责任报告、企业年报、企业官方网站为信息来源，进而评价中国 100 强企业的社会责任管理体系建设现状和责任信息披露水平。

中国企业社会责任发展指数所依托的评级模型是根据"三重底线"（triple bottom line）和利益相关方理论（stakeholders theory）等经典的社会责任理论构建出的责任管理、市场责任、社会责任、环境责任"四位一体"模型。该模型认为，责任管理是每个企业社会责任实践的原点，企业责任管理包括责任治理、责任推进、责任沟通和守法合规；市场责任包括客户责任、伙伴责任和股东责任等与企业业务活动和市场责任密切相关的责任；社会责任包括政府责任、员工责任和社区责任；环境责任包括环境管理、节约资源能源、减排降污等内容。

资料来源：郝琴和陈元桥（2013）

3.2　社会期望主题的界定标准

2010 年 11 月 1 日 ISO 在日内瓦发布的 ISO26000《社会责任指南》标准是一个吸纳先进实践经验，经国际协商保持一致的指南性标准。标准参照和引用了自 1948 年以来的 68 个国际公约、声明和方针，与联合国及其下属相关机构，特别是国际劳工组织（International Labour Organization，ILO）规定条款相辅相成、互为补充的有关社会责任的指导性文件，适用于各种类型的企事业单位，包括国有企业。相比其他社会责任国际指南与标准，ISO26000 的内容体系更加全面，更靠近全球契约的"十项原则"的要求。

3.2.1　ISO26000 的开发目的与基本内容

开发 ISO26000 是为了应对社会责任标准化问题，也是社会责任国际化发展以及可持续发展指导性的需要。ISO 组织从 2001 年开始将 ISO26000 的开发工作提上议程，直到 2004 年才正式启动，经历了 6 年多的时间，最终于 2010 年 11 月 1 日正式发布。

国际标准化组织

ISO 是一个全球性的非政府组织，是国际标准化领域中一个十分重要的组织。ISO 成立于 1946 年，总部设于瑞士日内瓦，成员包括 163 个会员国。该组织自我定义为非政府组织，官方语言是英语、法语和俄语。参加者包括各会员国的国家标准机构和主要公司。它是世界上最大的非政府性标准化专门机构，是国际标准化领域中一个十分重要的组织。中国是 ISO 的正式成员，代表中国参加 ISO 的国家机构是中国国家技术监督局。

其宗旨是：在世界范围内促进标准化工作的发展，以利于国际物资交流和互助，并扩大知识、科学、技术和经济方面的合作。其主要任务是：制定国际标准，协调世界范围内的标准化工作，与其他国际性组织合作研究有关标准化问题。

ISO 负责目前绝大部分领域（包括军工、石油、船舶等垄断行业）的标准化活动，主要功能是为人们制定国际标准达成一致意见提供一种机制。目前，ISO 已经发布了 17 000 多个国际标准。ISO 从 2001 年开始着手进行社会责任国际标准的可行性研究和论证，2004 年 6 月最终决定开发适用于包括政府在内的所有社会组织的"社会责任"ISO 指南标准，由 54 个国家和 24 个国际组织参与制定，编号为 ISO26000，这是 ISO 的新领域，为此 ISO 成立了社会责任工作组负责标准的起草工作。2010 年 11 月 1 日，ISO 在瑞士日内瓦国际会议中心举办了 ISO26000 的发布仪式，该标准正式出台。

资料来源：百度百科

ISO26000 的开发是利用多个利益相关方参与的新方式，发展到现在包括来自 99 个不同国家和 42 个国际区域组织的专家参与了社会责任开发的不同方面。这些专家代表了 6 个不同的利益相关者群体，即消费者、政府、工业、劳动、非政府组织以及服务、支持和研发机构。此外，为了达到发展中国家和发达国家之间的平衡以及起草小组的性别平衡，对专家的构成也做出了具体规定。

开发 ISO26000 的意图在于帮助组织促进可持续发展，鼓励组织不仅要遵守法律，而且承认遵守法律是组织的一个基本职责，并且承认是社会责任重要的一部分。它的意图还在于促进社会责任领域的共同理解，为其他社会责任的工具和倡议提供补充而不取代它们。同时，ISO 也做出声明：ISO26000 国际指标仅在于为所有类型的组织提供社会责任的基本原则、与社会责任相关的核心主题和议题，是将社会责任行为整合到组织战略、系统和实践中方法的指南。ISO26000 不是管理体系标准，它的开发意图不是为了用于认证法规或者合同，同时也并不适用于此方面任何针对ISO26000提出的认证建议或者认证要求都是对这一意图和目的的歪曲和对国际标准的滥用。并且，ISO26000 鼓励开发更为具体的、要求更高的国家标准或者另一种类型的国际标准。

ISO26000 向所有各种类型的组织提供下列指南，不管它们的规模和所处地点如何：①与社会责任有关的概念、术语和定义；②社会责任的背景、趋势和特征；③与社会责任相关的原则和实践；④识别利益相关者和促使其参与；⑤社会责任的核心主题和议题；⑥在整个组织的影响范围内，通过政策和实践融入、实施和促进对社会负责的行为；⑦沟通与社会责任有关的承诺、绩效和其他信息。

ISO26000 的主要内容、核心主题纲要以及相关的议题如表 3-4 和表 3-5 所示。

表 3-4　ISO26000 主要内容和核心主题纲要

条款标题	条款	内容描述
范围	条款 1	定义国际标准的内容和范围，识别出应用该标准的限制以及 ISO26000 除外的情况
术语和定义	条款 2	识别和提供在理解社会责任和使用国际标准方面具有重要意义的关键术语的定义

续表

条款标题	条款	内容描述
理解社会责任	条款 3	描述对社会责任的发展已经产生影响及对其特征和实践将继续影响的重要因素和条件。并且描述社会责任本身的概念、社会责任的含义以及如何将其应用于组织。本部分包括中小型组织使用此国际标准的指南
七个社会责任原则	条款 4	介绍和解释社会责任的原则
承认社会责任和利益相关方参与	条款 5	陈述社会责任的两项实践，即组织承认其社会责任和识别利益相关方并使利益相关方参与。提供关于组织、利益相关方和社会三方关系的指南、认识社会责任核心主题和议题以及组织影响范围的指南
社会责任核心主题指南	条款 6	解释与社会责任有关的核心主题和相关议题。对于每个核心主题，都给出了它的范围，它与社会责任的关系，相关的原则、考虑以及相关的行动和期望
社会责任融入组织指南	条款 7	提供将社会责任融入组织实践的指南。这里包括如下有关方面的指南：理解组织的社会责任、将社会责任融入整个组织、进行社会责任沟通、改进组织社会责任的可信度、审查社会责任进展和改进绩效，以及对社会责任的自愿性倡议评价
社会责任自愿性倡议和工具举例	附录 A	提出了一种涉及社会责任包括自愿性倡议和工具的清单，表明社会责任的一个或多个核心主题或在整个组织中整合社会责任
文献目录		包括对国际权威工具的引用以及该国际标准作为来源被引用的情况
附录		国际标准引用的内容、概念与术语

资料来源：根据 ISO26000 整理

表 3-5　ISO26000 核心主题及主要问题

核心主题（7个）	主要问题（37个）
组织管理	1.组织应建立起程序、制度、结构或其他能使社会责任原则和实践的落实成为可能的体制
人权	1.尽职调查；2.人权的危险情况；3.避免共犯；4.解决民怨；5.歧视和弱势群体；6.公民权利和政治权利；7.经济、社会和文化权利；8.工作中的基本权利
劳动实践	1.就业和雇佣关系；2.劳动和社会保障条件；3.社会对话；4.健康和工作安全；5.人的发展和职业培训
环境	1.污染防治；2.资源的可持续利用；3.气候变化减缓和适应；4.保护和恢复自然环境
公平运营	1.反腐败；2.负责任的政治参与；3.公平竞争；4.促进势力范围的社会责任；5.尊重产权
消费者问题	1.公平营销、真实公正的信息和公平的合同实践；2.保护消费者的健康和安全；3.可持续消费；4.消费者服务、支持和解决争端；5.消费者的数据保护和隐私；6.获得基本服务；7.教育和意识
社区参与和发展	1.社区参与；2.教育和文化；3.创造就业和技能开发；4.技术开发；5.创造财富和收入；6.健康；7.社会投资

ISO26000 社会责任指南的框架结构如图 3-2 所示。

3.2.2　GRI《指南》的开发目的与基本内容

GRI 致力于建立具有最广泛适用性的指导组织发布 CSR 报告的框架，该框架的主要组成部分是《指南》。《指南》是一个全球适用的框架，从而能够以其可靠性、全

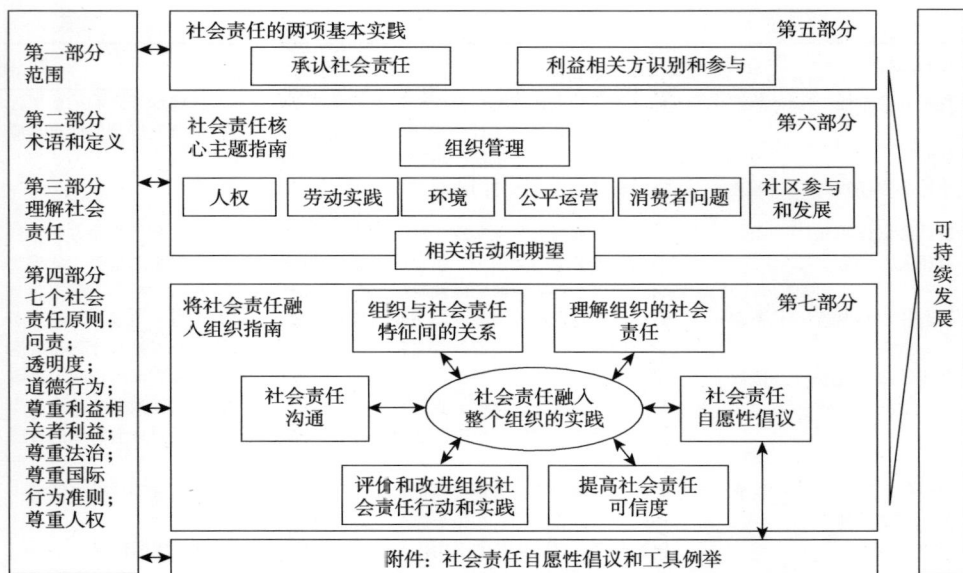

图 3-2 ISO26000 社会责任指南的框架结构（ISO/DIS 26000）

面性及其所带来的可比性而成为目前指导发布社会责任报告应用最为广泛、最为权威的标准；提供报告原则、标准披露和实施手册，为各种规模、各类行业、各个地点的机构编制可持续发展报告提供参照。在编制《指南》的过程中，GRI 通过普查的方法（区域办公室工作人员的访谈、网络平台上的信息搜集、一年两次的会议）来获取尽可能广泛的利益相关者的意见，包括企业、社会团体、劳动者、投资者、学术界、政府以及其他社会责任报告倡导者，并据此不断地对《指南》进行调整，从而是具有"群"的特征的。由此可知，基于《指南》的视角，即是基于"群"的视角。

对 CSR 信息需求的增长，反映了利益相关者对 CSR 关注度的日益提高。CSR 的目标就是要追求经济、环境和社会的和谐，也可以理解为不同利益相关者之间的和谐。因而，所有利益相关者参与制定的《指南》不仅仅为企业编制报告提供了参考，同时也能反映出 CSR 发展的趋势。图 3-3 能较为清晰地表明利益相关者对《指南》发展变化的影响，更进一步表明了通过 GRI《指南》的视角分析 CSR 发展趋势的合理性。

GRI 不断地努力提升《指南》的适用性，力图使其满足于任何规模、任何行业、任何地区企业的需求；为发布 CSR 报告的中小型企业提供《指南》的使用手册和一系列的培训，并且为 10 个行业的企业提供了关于 GRI 4.0 版《指南》的具有行业适用性的补充，这些行业分别是航空、建筑与房地产、电力、会议组织业、金融服务、食品加工、媒体、采矿和冶炼、NGO、石油和天然气。

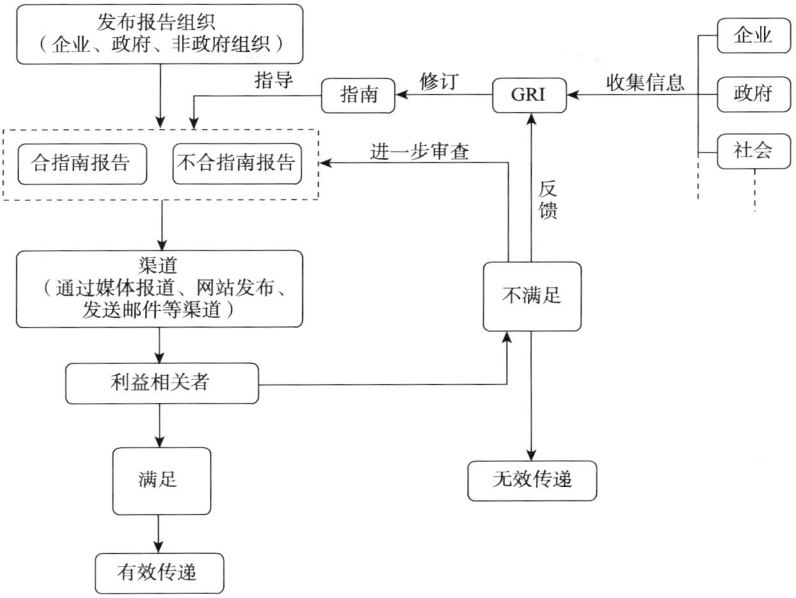

图 3-3　指南、报告、传递有效性关系简图

GRI 4.0 版《指南》的框架结构如图 3-4 所示。

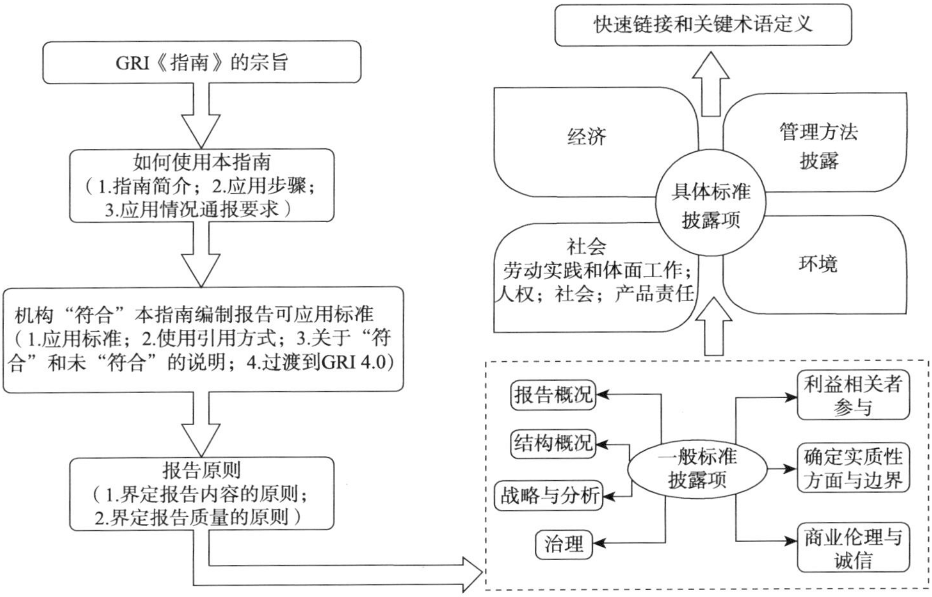

图 3-4　GRI 4.0 版《指南》的框架结构

　　GRI 最新发布的 GRI 4.0 版《指南》的三大主题以及主题下的具体内涵如表 3-6 所示。本章主要从这三个方面来建构研究思路，以此为基础对 CSR 的发展趋势进行论述。

表 3-6　GRI 4.0 版《指南》的三大主题以及主题下的具体内涵

类别		具体内涵
经济		经济绩效；市场表现；间接经济影响；采购行为
环境		物料；能源；水；生物多样性；废气排放；污水和废弃物；产品和服务；合规；交通运输；整体情况；供应商环境评估；环境问题申诉机制
社会	劳工实践和体面工作	雇佣；劳资关系；职业健康与安全；培训与教育；多元化与机会平等；男女同酬；供应商劳工实践评估；劳工问题申诉机制
	人权	投资；非歧视；结社自由与集体谈判；童工；强迫与强制劳动；安保措施；原住民权利；评估；供应商人权评估；人权问题申诉机制
	社会	当地社区；反腐败；公共政策；反竞争行为；合规；供应商社会影响评估；社会影响问题申诉机制
	产品责任	客户健康与安全；产品及服务标识；市场推广；客户隐私；合规

　　本章主要通过两个层面的对比，一个是 GRI 本身的变化，主要分析 GRI 关注的 CSR 议题从单一的环境到全面包括经济、环境、社会方面的变化；另一个是作为 GRI 架构主要组成部分的《指南》的变化，来综合分析 CSR 经历的发展变化，详细探究了 GRI 4.0 与 GRI 3.0/GRI 3.1 的重要差异，并分析隐藏其后的潜在的新的责任重点，据此分析未来 CSR 发展的可能趋势。

3.2.3　ISO26000、GRI 与现有国际社会责任工具的关系

　　据商道纵横数据，已有的在我国有较为广泛应用的社会责任报告指南接近 20种，而其中最具有全球性的分别是 GRI、ISO26000、AA1000、联合国全球契约的"十项原则"。GRI 提出的框架结构并不排斥所有的其他标准、原则和框架，而是与之和谐共进。Daniel 和 Macheal（2014）对这四类标准进行了对比分析，如表 3-7所示。

表 3-7　四项国际性标准的对比

标准	可比性	连续性	可靠性	相关者参与
GRI 的 GRI 4.0	有 7 375 家企业应用了 GRI 的报告框架。标准和指标适用于所有发布报告的企业	GRI 4.0 是自 2000 年以来的第四个版本。标准和指标适用于所有的组织	保证由 "+" 号评级确认；GRI 不提供认证	利益相关者在标准和指标的制定过程中广泛参与；有针对具体行业和地区的补充
ISO26000	为所有企业制定报告的过程提供原则性的指导	没有具体的标准，只有原则性的指导	ISO26000 不是认证标准	很多利益相关方参与 ISO26000 的制定

续表

标准	可比性	连续性	可靠性	相关者参与
AA1000	是基于原则的标准，从而在不同的组织之间作对比存在困难	在 2008 年，框架标准被原则标准所取代。不同的组织应用的标准和指标不同	AA1000有约束标准	利益相关者在实际的报告制定过程中有非常好的参与保障
联合国全球契约的"十项原则"	十项原则具有广泛的适用性，然而在具体的层面和内容上，不同的企业之间存在差异	十项原则没有发生过变化；组织应用的标准和指标会有改变	不提供认证服务	是从一系列的国际会议、声明中总结出来的，也综合了一些利益相关者的意见

　　ISO26000 的开发具有全球性的背景，在此背景下 ISO26000 明确了该社会责任指南与现有国际社会责任倡议、标准和指南等工具之间的共融关系。在 ISO26000 发布之前，已有一些与社会责任相关的国际倡议、标准和指南等工作文件。这些倡议、标准和指南或多或少因为社会责任研究的不断发展存在一些适用性问题。ISO26000 不刻意取代现有倡议、标准和指南等工具，而是将现有的社会责任规则统一在一个共识的基础上，如图 3-5 所示。由此来讲，ISO26000 也是社会责任发展"和谐统一"的结果。

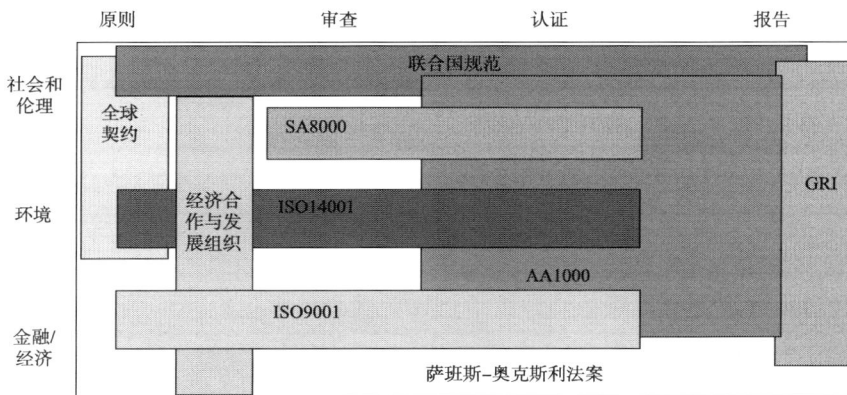

图 3-5　ISO26000 与现有社会责任工具的关系结构示意图（ISO/DIS26000）

　　ISO26000 的结构设计是从社会期望的 7 个方面，结合利益相关者的 37 个问题进行的规划，是社会期望和利益相关者利益的综合。ISO26000 既提出了 CSR 绩效评价的理论基础，又反映了当今国际社会的主流价值观，并且和全球契约、《指南》的原则相对应，对将来的 CSR 发展具有重大影响，是目前 CSR 绩效评价研究的良好基础平台。

　　ISO 定义的 CSR 概念为通过透明和道德行为，企业为其决策和活动给社会和环境带来的影响所承担的责任。这些透明和道德行为有助于可持续发展，包括健康和社会福利，考虑到利益相关方的期望，符合适用法律并与国际行为规范一致，融入整个企业并践行于其各种关系之中。Gjølberg（2009）认为，这一概念强调了企业和市场、公民、社会、国家之间关系变化的本质，标志着企业在未来的国家和全球治理中会充当一个新角色——社会责任主体。由此来讲，CSR 不再是企业经营管理活动的附属品，而是企业经营和管理的核心要素，涉及企业经营管理活动的各个领域。

全球化进程的结果之一就是通过被扩散的标准、行为规范、原则和新的报告以及遍及许多行业的准则等提高了公众的社会责任问题意识。ISO26000 中提出了企业需要关注的 7 个社会核心主题，对于每个核心主题都给出了它的范围、它与社会责任的关系、相关的原则、考虑以及相关的行动和期望。尽管 ISO 组织一再强调，ISO26000 是一个指导性文件，不用于认证，也不是管理体系，但作为第一个真正意义上的社会责任国际标准指南，在其框架下制定各种认证意愿，建立适合于各自需求的管理体系标准，并最终将其转换为一个获得全球共识的基准的预期却非常强烈。ISO26000 即将成为企业衡量自身社会责任行为的工具，也将成为社会监督 CSR 行为的工具。

3.3　基于社会期望主题的企业社会责任信息体系构建

3.3.1　企业社会责任的维度划分

基于前文 1.3.1 节的总结分析可知，CSR 的发展大致可分为五个阶段：第一阶段对于 CSR 的研究集中在"企业是否应当承担社会责任"和"CSR 概念的辩论"；第二阶段研究的焦点从"是否承担"转变为"承担哪些"；第三阶段则更注重于 CSR 工具理论的发展，CSR 测量体系在此阶段得到极大的发展；第四阶段 CSR 因利益相关者理论与企业公民等理论的发展而得到了进一步深入的研究，这些理论的引入与交叉融合，使得 CSR 的研究更加具备科学性和可操作性；第五阶段则开始更为关注 CSR 管理的应用，与此同时，学者们对于 CSR 的测量也更加全面科学，众多学者针对不同行业，或基于不同视角开发了相应的 CSR 测量模型。

从前文表 1-2 CSR 的维度划分中，可以看出，过去国内外机构和学者对 CSR 维度的划分大致可分为经验主义和规范主义两类，经验主义即从实际经验中总结出 CSR 的相关议题，规范主义即通过规范性推导得出 CSR 的维度。Carroll（1979）、GRI（2015）、买生等（2012）是规范主义的典型代表：Carroll（1979）将 CSR 划分为经济责任、法律责任、慈善责任和自由决定的责任；GRI（2015）将 CSR 划分为经济、环境、社会、劳务管理、人权、社会、产品责任七个维度；买生等（2012）将 CSR 划分为社会责任、市场责任、环境责任和科学发展四个方面。Donaldson 和 Preston（1995）、Turker（2009a）、Pérez 和 Bosque（2013）、ISO26000（2010 年）、田虹和姜雨峰（2014）、Öberseder 等（2014）则是经验主义的典型代表。Donaldson 和 Preston（1995）将 CSR 划分为股东、雇员、消费者、政府和社区负责五个维度；Turker（2009a）提出社会、员工、顾客和政府四个维度；Pérez 和 Bosque（2013）将 CSR 划分为顾客、股东、员工和社会；ISO26000（2010 年）将 CSR 划分为劳动实践、人权、消费者问题、公平运营、组织治理、环境、社区发展；田虹和姜雨峰（2014）提出政府、消费者、社区、股东和员工四个维度；Öberseder 等（2014）则将 CSR 划分为顾客责任、员工责任、环境责任、社区责任、社会责任、股东责任和供应商责任。

从现有研究来看，虽然后来学者也先后开发出新的 CSR 测量体系，但整体来看，基本上都是基于前人学者研究的修正或改进。综合来说，GRI 4.0 标准是较为典型的，也是应用较广的基于规范主义角度开发的 CSR 标准，其内容涵盖了经济、环境和社会影响，能够较为全面地反映 CSR 影响。而 ISO26000《社会责任指南》则是基于经验主义研究开发的指南，其包含维度较为具体，为企业承担社会责任指明了方向和范围。事实上，规范主义和经验主义并非相互对立，而是相互依存、交互作用的。规范主义与经验主义的融合是必然趋势，因此，本研究最终在对两者进行对比的基础上确定了 CSR 的维度。

3.3.2　企业社会责任信息体系的构成

本章针对 ISO 社会责任核心主题和 GRI 企业可持续发展核心主题的结构进行对比分析。本章以 ISO26000《社会责任指南》为标准构建 CSR 绩效评价指标体系。

需要指出，ISO26000《社会责任指南》确定的 CSR 核心主题没有纳入"经济"，但是同时也强调指出：社会责任的目标是为人类社会可持续发展做出贡献，而可持续发展指的是经济、社会和环境，并认为经济与环境和社会同等重要。因此，将 ISO26000 应用到 CSR 时，需要考虑企业的经济属性，强调其"经济"责任。识别相关主题应遵循对企业产生影响程度大小的基本原则，在借鉴 ISO 社会责任核心主题和企业可持续发展核心主题的基础上，考虑到我国目前所处的高速经济发展期，"经济"与企业的发展息息相关，因此，本章将"经济"纳入 CSR 绩效评价的社会期望主题中。最终得到了"劳动实践、经济发展、人权、公平运营、消费者问题、责任治理、环境和社区发展"八个社会期望主题。

（1）劳动实践。劳动不是商品，员工不应该被视为一种生产要素，劳动实践不仅包括为劳动者提供报酬和补偿，还包括创造安全、平等的就业机会以及有意义的和富有成效的工作。生活水平可以通过全面的、安全的就业来改善，有意义的工作可以满足人类自我实现的最高层次的需求。

（2）经济发展。为社会创造财富是企业的经济属性，企业应当在维持资源可持续利用的基础上，采取公平的手段创造财富。企业应当把科技进步和创新作为加快经济增长的重要支撑，把资源节约和环境友好作为主要方式，把保障和改善经济质量作为最终目标。

（3）人权。人权是与生俱来的、不可剥夺的、普遍的、不可分割和相互依存的。企业有责任在自己经营活动的影响范围内，尊重人权、保障人权。企业支持人权的机会往往存在于其业务、员工以及价值链、同行或竞争对手之间，它也能向外沿着价值链中更广泛的社区逐渐减弱，企业在发展过程中需要尊重其利益相关者的公民、政治、社会、文化等权利并进行积极的管理。

（4）公平运营。企业的道德行为是建立和维持合法、富有成效的组织之间关系的根本，因此，遵守、促进和鼓励道德行为标准是所有公平运营的基础。

（5）消费者问题。企业是"消费者基本权益得到尊重和保护"的基础。与消费者有关的社会责任问题都涉及公平的营销手段、可持续消费、争端解决和纠正、数据和隐私保护等，对于一些涉及民生的企业，还要包括为公众提供具有健康和安全保障的产品和服务。

（6）责任治理。企业应当按照道德规范来开展经营活动，为其对经济、环境和社会产生的影响负责，尊重法治、尊重国际行为标准、尊重人权、尊重利益相关者的权益，保持公开、透明的决策和行动。企业是由个人或群体控制的系统，他们掌握权力，并负责实现企业的经营活动和目标。在企业落实社会责任行动的措施中，建立"责任治理"的决策环境既是企业应当采取的核心主题之一，也是提高企业落实社会责任行动绩效的手段和途径。

（7）环境。企业经营需要资源和环境的支持，企业的决策和行为也会影响资源和环境的发展。当今社会正面临着自然资源的枯竭、环境污染、气候变化、物种的丧失等众多环境问题的挑战，减少并避免自身经营活动对环境的负面影响并积极承担由此带来的成本是人类社会生存和发展的前提。

（8）社区发展。社区为企业的生存与发展提供了良好的环境、各种资源和服务，对企业文化的形成和发展产生重要的影响；企业的经营活动对社区居民生活以及社区政治、经济、文化、教育、服务等多方面的功能产生着深远的影响。将社区参与整合到企业的社会责任中，可以最大限度地减少或避免企业给社区带来的负面影响，积极地促进社区可持续发展，有利于提高社会福利水平，实现企业与社区的相互促进、共同发展。

3.4　企业社会责任信息体系的验证

本章主要采用问卷实证的研究方法对所构建的具有八个社会期望主题的 CSR 信息体系进行验证。

3.4.1　量表题项生成

本章设定的 CSR 八个维度下的题项主要借鉴了 ISO26000 和 GRI 4.0 标准体系，同时还参考了 Carroll（1991）、金立印（2006）、李艳华和凌文辁（2006）、黎友焕（2007）、Turker（2009b）、黄群慧等（2009）、郑海东（2007）、买生等（2012）、Pérez 和 Bosque（2013）、Harjoto 和 Jo（2015）等学者的研究成果，共包含了 56 个题项，每个维度下的题项数目如表 3-8 所示。

表 3-8　CSR 绩效评价体系题项分布

变量	测量题项	题项来源
劳动实践	在平等、透明和合法的基础上与员工确定劳务关系	黎友焕（2007）
	积极为弱势群体（残疾人、两劳人员）提供就业	自编
	平等雇佣各类员工（包括性别、年龄、少数民族等）	GRI 4.0 和 ISO26000
	积极规划劳动力需求，避免临时性或短期过量的劳务劳动	GRI 4.0 和 ISO26000
	严禁超负荷工作情况出现	GRI 4.0 和 ISO26000
	为员工提供在本地区（区域）有竞争力的薪酬	GRI 4.0 和 ISO26000
	尊重劳动者合理的、正常的工作时间和加班节假日	GRI 4.0 和 ISO26000
	关注职业病对员工的危害	GRI 4.0 和 ISO26000
	建立完善的安全管理的规章和制度	GRI 4.0 和 ISO26000
	重视并支持员工接受教育（如技术培训、职业教育、在职工程硕士、工商管理硕士）	GRI 4.0 和 ISO26000
经济发展	保持公司资产流动性良好	自编
	近三年的利润增长水平良好	郑海东（2007）
	近三年销售收入增长势头很好	GRI 4.0 和 ISO26000
	公司销售款可以顺利地回收	自编
	无拖欠税款的现象	自编
人权	保证员工的人格受到尊重	GRI 4.0 和 ISO26000
	保证员工享有平等发展的机会	GRI 4.0 和 ISO26000
	保障员工获得基本经济权利（如自由和平等就业、公正和良好的工作条件、保障基本生活的薪酬福利等权利）	GRI 4.0 和 ISO26000

续表

变量	测量题项	题项来源
人权	为员工提供必要的家庭关怀（如育儿房）	GRI 4.0 和 ISO26000
	尊重员工人身自由、安全的权利	GRI 4.0 和 ISO26000
	尊重员工参与公共事务、自由选举和被选举、自由结社、和平聚会、自由发表意见等权利	GRI 4.0 和 ISO26000
	尊重员工宗教信仰和文化生活等权利	GRI 4.0 和 ISO26000
公平运营	建立了识别、控制、评估和报告腐败风险的内部监控系统	GRI 4.0 和 ISO26000
	领导者公开向利益相关者承诺反腐败	GRI 4.0 和 ISO26000
	培训和提高员工防止腐败的意识，并为其检举行为提供激励和保护	GRI 4.0 和 ISO26000
	积极地教促、监督供应链企业履行社会责任	GRI 4.0 和 ISO26000
	领导积极参加政治活动（支持公共政治、避免政治捐款、禁止破坏公共政治活动等）	GRI 4.0 和 ISO26000
	避免不公平竞争（如价格联盟、倾销等）	GRI 4.0 和 ISO26000
	为中小组织提供支持（如技术、能力建设或资源）	GRI 4.0 和 ISO26000
	在使用和保护其产权时，考虑社会的期望和所有者的权益	GRI 4.0 和 ISO26000
消费者问题	主动、全面地披露产品的基本内容、原料、工艺流程等消息	GRI 4.0 和 ISO26000
	积极地提供对社会和环境有益的产品/服务	GRI 4.0 和 ISO26000
	严格保护消费者的隐私	GRI 4.0 和 ISO26000
	在产品开发、新材料、新技术或者生产方法引入之前，酌情进行人体健康和安全风险评估及保障措施制定	GRI 4.0 和 ISO26000
	积极地尝试并采用绿色生产模式	GRI 4.0 和 ISO26000
	建立了完善的售后服务管理体系	GRI 4.0 和 ISO26000
责任治理	建立完整、合理的治理结构框架（如独立/非执行董事数量相当、有女性董事）	Jo 和 Harjoto（2012）、Zhang 等（2013）
	建立明确的个人或者部门负责 CSR 工作的开展	Jo 和 Harjoto（2012）
	董事与高管人员薪酬透明且与公司绩效挂钩	Zhang 等（2013）
	将 CSR 写入其使命、价值观或者行为守则中	GRI 4.0 和 ISO26000
	具有两个以上的相关管理体系认证（如质量、安全、环境、人权、信息安全）	Harjoto 和 Jo（2015）
	建立明确的 CSR 发展规划	GRI 4.0 和 ISO26000
	建立相关机制可以保障员工能够在 CSR 发展方面提出自己的意见或者建议	Zhang 等（2013）
	积极地参与或支持外界发起的各种公约、倡议、协会、组织等	GRI 4.0 和 ISO26000
环境	有明确的环保投资	Turker（2009b）
	尽量降低经营活动给环境带来的负面影响	郑海东（2007）
	积极地披露能够影响健康和环境的问题并采取相关的预案	金立印（2006）、李艳华和凌文铨（2006）
	积极地参与生态保护事业和环保活动	郑海东（2007）
	尽量使用环保材料或可循环材料	郑海东（2007）

续表

变量	测量题项	题项来源
	支持并参与社区各级教育	GRI 4.0 和 ISO26000
	人力资源发展规划能够充分考虑当地的就业需求	GRI 4.0 和 ISO26000
	为社区提供预防疾病的基本卫生保健服务和适当的卫生设施，促进社区健康事业的发展	GRI 4.0 和 ISO26000
社区发展	通过与当地大学或者研究实验室合作提高科学和技术水平、促进人力资源的开发和技术推广	GRI 4.0 和 ISO26000
	积极地投资社区基础设施建设，改善社区生活等社会项目	GRI 4.0 和 ISO26000
	积极参与社区的各类慈善活动	GRI 4.0 和 ISO26000
	给予弱势群体以特别的关注（如安置就业、能力培养等）	GRI 4.0 和 ISO26000

CSR 信息体系的应用

本章所开发的 CSR 信息体系连续五年被应用于《交通运输行业企业社会责任发展报告》中，该报告作为交通运输领域第一个对 CSR 问题进行研究的正式报告，首次将 CSR 综合评价体系研究与交通运输行业 CSR 实践评价和管理研究结合起来，对于提高我国交通运输行业 CSR 实践发展具有重要的指导意义。该报告由大连海事大学综合交通运输协同创新中心主任、交通运输管理学院匡海波教授主持编写，同时中国系统工程协会理事长汪寿阳先生、中国科学院创新发展研究中心主任穆荣平先生、联合国新闻部国际生态生命安全科学院院士武春友先生及著名中国文化学者张本义先生也对报告的编写做出了相关指导，作者作为执行副主编连续五年参与到报告的评价与撰写活动中。

该报告引起学术界、政府、企业以及媒体的广泛关注，已故第三世界科学院院士牛文元教授、中国系统工程协会理事长汪寿阳教授、中国科学院创新发展研究中心主任穆荣平教授、联合国新闻部国际生态生命安全科学院院士武春友教授等国内知名学者都亲笔为报告作序，并对报告及编写团队给予了高度评价和大力支持，铁龙物流、锦州港及大连港等交通运输行业企业代表，新华社、人民网、中央人民广播电台、中国新闻社、光明日报、新浪网、中国交通报及中国水运报等近 20 家主流媒体都对该报告的发布给予了高度的重视。

3.4.2　样本选择与研究方法

1. 样本选取与数据收集

样本企业的筛选遵循以下原则：①企业已践行社会责任，并且组织结构中设置了 CSR 相关部门或者由其他部门兼任，并且有专员负责。《2014 企业社会责任十大趋势》指出，CSR 部门对实现 CSR 战略整体目标和企业各部门的协同运作起到统领作用。②企业承诺由中高层管理者来填答问卷。Swanson（1995）从制度条件、组织层面及个体层面分析 CSR 行为，针对个体层面研究发现高层管理者的态度将直接对企业的社会责任行为产生作用。③企业具有一定的规模。郑海东（2007）指出大型企业更加注重与利益相关者的长期合作，社会责任感更强，承担社会责任的能力也更强。本章依据国家统计局发布的《统计大中小型企业划分办法》，选择符合条件的企业作为样本。

2. 预测试

预测试分三步进行：首先，访谈 3 位管理学教授、6 位管理学博士及相关领域的专家，对问卷的题项进行修订。其次，访谈企业中高层管理人员和咨询公司高级管理人员，结合企业的实际工作情况对题项进行净化，修改一些专业词汇和歧义词汇。最后，进行小样本调查，样本选取大连市的 78 家企业，共发放 245 份问卷，回收 234 份问卷，有效问卷 220 份，有效回收率 89.8%，小样本测试主要采用项目总相关系数（corrected itern-total correlation，CITC）系数和 α 系数检测绩效评价体系的有效性和可靠性，对于不符合标准的题项予以删除，并对删除后的题项做探索性因子分析，同时对绩效评价体系的语言进行修订。

3. 大样本测试

研究主要以辽宁省的企业为调研对象，同时还选取了北京、天津、吉林、河北、河南等地区的相关企业，一共包含 13 个行业，以企业的中高层管理人员作为调研对象，共调研 203 家企业。为减少个人因素对问卷的质量造成的影响，问卷在每个企业发放的数量控制在 2~5 份，共发放问卷 642 份，回收 457 份，其中因信息缺失严重而被剔除的问卷 17 份，最终得到有效问卷 440 份，有效回收率 68.5%。填答者的人口统计变量如表 3-9 所示。

表 3-9　填答者的人口统计变量

特征		样本量/个	占比/%
性别	男	275	63
	女	165	38
年龄	30 岁以下	150	34
	30~50 岁	224	51
	50 岁以上	66	15

续表

特征		样本量/个	占比/%
学历程度	本科以下	100	23
	本科	210	48
	研究生及以上	130	30
公司职位	法人代表	20	5
	高层管理人员	206	47
	普通管理人员	214	49

3.4.3 信度检验

本章采用内部一致性（α 系数和 CITC 系数法）来测定绩效评价体系的信度。通常来说，题项删除后的 α 系数不大于总的 α 系数且大于 0.7，CITC 系数大于 0.5 时表明绩效评价体系具有较好的内部一致性。检验结果如表 3-10 所示。

表 3-10 CSR 绩效评价体系的内部一致性检验

维度	序号	CITC	题项删除后的 α 系数	α 系数	维度	序号	CITC	题项删除后的 α 系数	α 系数
劳动实践	LD1	0.565	0.864		消费者问题	XFZ1	0.101	0.734	
	LD2	0.514	0.861			XFZ2	0.664	0.558	
	LD3	0.606	0.854			XFZ3	0.585	0.643	0.675
	LD4	0.645	0.850			XFZ4	0.267	0.677	
	LD5	0.598	0.854	0.868		XFZ5	0.580	0.579	
	LD6	0.598	0.854			XFZ6	0.555	0.575	
	LD7	0.617	0.853		责任治理	ZR1	0.666	0.805	
	LD8	0.576	0.856			ZR2	0.679	0.803	
	LD9	0.593	0.855			ZR3	0.644	0.808	
	LD10	0.624	0.852			ZR4	0.716	0.798	
经济发展	JJ1	0.744	0.799			ZR5	0.671	0.804	0.837
	JJ2	0.727	0.804			ZR6	0.727	0.797	
	JJ3	0.622	0.833	0.852		ZR7	0.198	0.861	
	JJ4	0.733	0.802			ZR8	0.263	0.854	
	JJ5	0.403	0.860		环境	HJ1	0.637	0.799	
人权	RQ1	0.695	0.859			HJ2	0.516	0.824	
	RQ2	0.714	0.858	0.880		HJ3	0.562	0.814	0.832
	RQ3	0.657	0.864			HJ4	0.545	0.818	
	RQ4	0.424	0.890			HJ5	0.687	0.788	

续表

维度	序号	CITC	题项删除后的 α 系数	α 系数	维度	序号	CITC	题项删除后的 α 系数	α 系数
人权	RQ5	0.696	0.859		社区发展	SQ1	0.713	0.850	
	RQ6	0.733	0.854	0.880		SQ2	0.716	0.850	
	RQ7	0.723	0.855			SQ3	0.757	0.844	
公平运营	GP1	0.614	0.824			SQ4	0.566	0.870	0.876
	GP2	0.611	0.825			SQ5	0.778	0.841	
	GP3	0.546	0.833			SQ6	0.430	0.886	
	GP4	0.618	0.824	0.847		SQ7	0.546	0.859	
	GP5	0.590	0.827						
	GP6	0.662	0.818						
	GP7	0.637	0.821						
	GP8	0.374	0.851						

注：灰色部分为对于不满足 α 系数和 CITC 系数要求的 7 个题项，JJ5、RQ4、GP8、XFZ1、XFZ4、ZR7 和 ZR8 予以删除

经过初步的内部一致性检验，对于不满足 α 系数和 CITC 系数要求的 7 个题项 JJ5、RQ4、GP8、XFZ1、XFZ4、ZR7 和 ZR8 予以删除。删除这些题项后，重新进行内部一致性检验，所有题项均符合要求，绩效评价体系具有较好的内部一致性。

3.4.4 效度检验

本章主要采用探索性因子分析、收敛效度分析、区别效度（discriminant valldity）分析和二阶验证性因子分析四种方法进行 CSR 信息体系的效度检验。

1. 探索性因子分析

在对样本数据进行探索性因素分析之前，对该分析取样的适当性进行检验，KMO 指标为 0.934，Sig 为 0.000，达到显著水平，代表母群体的相关矩阵间有共同因素存在，说明该样本数据适合进行因子分析。然后经过连续的因子分析，部分因子出现跨因子负载，充分结合因子的内容表述，决定删除 LD1、LD2、GP5、SQ4 和 SQ6 共 5 个题项。删除不符合的题项后再次进行探索性因子分析，结果如表 3-11 所示，每个题项在单一维度的因子负荷在 0.526~0.822，表明绩效评价体系具有良好的收敛效度和单维度性。

表 3-11　题项删除后 CSR 绩效评价体系的探索性因子分析

测量变量	因子 1	因子 2	因子 3	因子 4	因子 5	因子 6	因子 7	因子 8
ZR2	0.782							
ZR1	0.781							
ZR5	0.753							
ZR4	0.748							
ZR3	0.708							
ZR6	0.692							
XFZ5		0.822						
XFZ2		0.793						
XFZ6		0.608						
XFZ3		0.562						
RQ1			0.800					
RQ2			0.791					
RQ5			0.709					
RQ3			0.696					
RQ7			0.654					
RQ6			0.623					
LD9				0.700				
LD8				0.692				
LD7				0.669				
LD5				0.657				
LD4				0.651				
LD6				0.600				
LD10				0.544				
LD3				0.537				
SQ5					0.775			
SQ3					0.733			
SQ1					0.709			
SQ7					0.690			
SQ2					0.668			
JJ2						0.788		
JJ4						0.788		
JJ1						0.781		
JJ3						0.712		
GP2							0.718	
GP7							0.648	

续表

测量变量	因子1	因子2	因子3	因子4	因子5	因子6	因子7	因子8
GP1							0.582	
GP6							0.558	
GP3							0.530	
GP4							0.526	
HJ5								0.676
HJ6								0.676
HJ1								0.605
HJ3								0.564
HJ4								0.558
HJ2								0.543

2. 收敛效度分析

Simonin（1999）认为收敛效度是指测量同一个概念的不同题项彼此之间的相关程度。研究采用 AVE 指数和 Bentler-Bonett 指数，即非规范拟合指数（NNFI）来测量评价体系的收敛效度。一般认为，AVE 指数若达到 0.5 以上，就表示潜在变量的测量具有足够的收敛效度。NNFI 指数测量的是 χ^2 指数与零假设测量之间的差距。通常认为 NNFI 值大于 0.9 时，评价体系具有较好的收敛效度。

CSR 绩效评价体系的收敛效度分析如表 3-12 所示，八个维度的 AVE 指数均超过了 0.5。除了消费者问题的 NNFI 值为 0.89 接近 0.9 外，其他七个维度的 NNFI 指数都超过了 0.9，基本达到要求，CSR 绩效评价体系具有较好的收敛效度。

表 3-12　CSR 绩效评价体系的收敛效度分析

指标	劳动实践	经济发展	人权	公平运营	消费者问题	责任治理	环境	社区发展
AVE	0.55	0.61	0.57	0.56	0.57	0.61	0.64	0.72
NNFI	0.97	0.99	0.96	0.93	0.89	0.98	0.97	0.97

3. 区别效度分析

所谓区别效度也称区分效度或者判别效度，表示不同特质和内涵的测量结果之间不应有太大的相关性。Ahire 等（1996）运用验证性因子分析进行嵌套模型（nest model）配对比较检验的方法来验证评价体系的区别效度。研究将 CSR 绩效评价体系的八个维度两两配对，共需要进行 28 次验证，如表 3-13 所示。结果显示，这 28 对 χ^2 值的差均达到显著水平（$p<0.001$），这说明非限制模型对数据的拟合度较

佳，CSR 绩效评价体系具有良好的区别效度。

表 3-13　各维度的区别效度分析（χ^2）

研究维度	配对维度	非限制模式		限制模式		$\Delta\chi^2$
		χ^2	自由度	χ^2	自由度	
劳动实践	经济发展	112.09	53	886.54	54	774.45
	人权	196.69	76	807.94	77	611.25
	公平运营	279.79	76	811.52	77	531.73
	消费者问题	131.43	53	875.52	54	744.09
	责任治理	139.80	76	1 923.69	77	1 783.89
	环境	344.53	64	779.43	65	434.90
	社区发展	174.25	64	1 186.33	65	1 012.08
经济发展	人权	115.03	34	912.20	35	797.17
	公平运营	231.48	34	838.57	35	607.09
	消费者问题	68.74	19	855.33	20	786.59
	责任治理	100.68	34	1 099.60	35	998.92
	环境	261.08	26	762.68	27	501.60
	社区发展	75.85	26	871.22	27	795.37
人权	公平运营	350.21	53	793.29	54	443.08
	消费者问题	136.28	34	922.29	35	786.01
	责任治理	194.49	53	2 289.18	54	2 094.69
	环境	375.89	43	843.02	44	467.13
	社区发展	202.06	43	1 132.12	44	930.06
公平运营	消费者问题	336.65	34	1 149.27	35	812.62
	责任治理	407.03	53	1 395.85	54	988.82
	环境	627.89	43	723.60	44	95.71
	社区发展	312.31	43	629.75	44	317.44
消费者问题	责任治理	113.48	34	150.50	35	37.02
	环境	612.11	26	861.70	27	249.59
	社区发展	168.01	26	1 033.72	27	865.71
责任治理	环境	584.56	43	879.91	44	295.35
	社区发展	269.26	43	2 072.52	44	1 803.26
环境	社区发展	465.31	34	804.55	35	339.24

注：在 $p<0.001$ 水平上具有统计显著性（自由度为 1 且 $p=0.000$ 时，$\Delta\chi^2$ 值为 10.827）

另外，研究还采用由 Fornell 和 Larcker（1981）推荐的方法，若 AVE 的值大于两个维度间相关系数的平方或 AVE 值的平方根大于两个维度之间的相关系数时，则表示这两个维度具有区别效度。如表 3-14 所示，每个维度的 AVE 平方根都大于模型中任意的相关系数，评价体系具有较好的区别效度。

表 3-14　各维度的区别效度分析（AVE）

责任主题	劳动实践	经济发展	人权	公平运营	消费者问题	责任治理	环境	社区发展
劳动实践	（0.64）							
经济发展	0.199	（0.78）						
人权	0.423	0.190	（0.75）					
公平运营	0.402	0.403	0.380	（0.75）				
消费者问题	0.464	0.235	0.415	0.465	（0.95）			
责任治理	0.436	0.231	0.282	0.462	0.536	（0.92）		
环境	0.354	0.339	0.364	0.517	0.504	0.403	（0.80）	
社区发展	0.538	0.225	0.444	0.537	0.386	0.430	0.501	0.85

4. 二阶验证性因子分析

通常在理论上认为二阶验证性因子分析比一阶验证性因素分析能够反映更高一层的潜在因素。由于二阶因子分析模型是将真实的潜在变量作为它的测量变量，因此它比一阶因子分析模型要更加抽象。黄芳铭（2005）认为每一个一阶潜在因素皆有一个来自于二阶潜在因素的直接效果负荷在其因素上。二阶因子分析模型可以通过二阶因子连到每一个一阶因子上的标准化路径指数的大小来检验该模型的收敛效度。假如负载大于 0.7，意味着二阶因子分析模型的内在品质拟合度较好。根据表 3-15 和图 3-6 可知，二阶因子分析模型的各拟合度指标均达到统计要求且标准化路径指数均大于 0.7，说明研究理论所假设的八个维度可以很好地收敛于 CSR 这一更高层面的概念。

表 3-15　二阶验证性因子分析拟合指数

指数	χ^2/df	GFI	IFI	NFI	CFI	RMSEA	RMR
二阶因子模型	3.34	0.91	0.89	0.86	0.89	0.073	0.084

经过信度、效度分析，以及二阶验证性因子分析发现，评价体系达到了统计分析的基本要求。

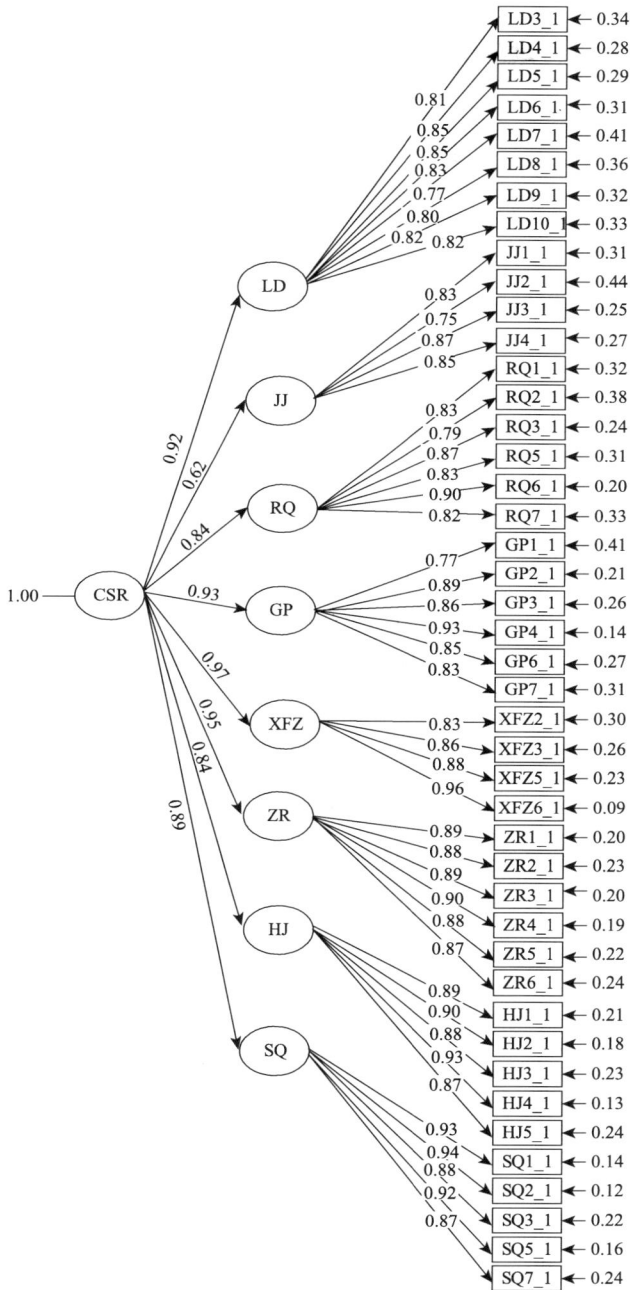

图 3-6　CSR 二阶验证性因子分析结果

χ^2=3 090.59，df=924，p=0.000 00，RMSEA=0.073

3.5　结果与启示

3.5.1　结果讨论

本章在梳理国内外学者对CSR维度划分和国际组织对CSR评价的指标体系的基础上，将CSR界定为劳动实践、经济发展、人权、消费者问题、公平运营、责任治理、环境和社区发展八个维度。需要指出，对于经济发展维度，通过验证，笔者认为原因如下：第一，企业样本中64.8%属于民营企业，民营经济作为公有制经济的有益补充，对我国国内生产总值（GDP）的增长、市场经济的活跃及国家税收的增长有着不可磨灭的贡献，同时民营企业的规模普遍较小，企业发展时间短，对于大部分企业来说如何在市场中生存下去仍是重中之重，经济责任对其生存具有不可忽视的意义。第二，我国的CSR发展尚处于初级阶段，虽然党的方针政策、国家法律和政府领导人都对企业履行社会责任做出进一步的规定和要求，在我国CSR也从理论辩驳阶段开始向CSR内在化阶段演进，但该阶段发展时间较短。目前我国企业对CSR的整体意识淡薄、责任管理落后、责任信息披露不足。因此，应充分考虑经济发展对推动CSR的作用。同时也需要指出，随着我国经济步入"新常态"以及人口老龄化的不断加重，经济的增长将更加依赖于人力资本质量和技术进步，未来"经济发展"维度可能在八个维度所占比重越来越小。

绩效评价体系开发过程中，剔除了12个题项，最终得到具有8个维度44个题项的CSR绩效评价体系。

劳动实践维度剔除题项LD1和LD2，原因如下：第一，劳动实践和人权维度都属于企业对员工的责任，两个维度对于企业的实践容易产生混淆，导致这两个题项出现了跨因子现象；第二，虽然《中华人民共和国残疾人保护法》规定国家工作人员应努力为残疾人服务，但目前全社会缺乏一种关注残疾人全面发展的共识，对于残疾人注重保障基本生活而忽视长远发展，整个社会对待残疾人更多的是出于同情的角度，这些都会导致填答者将LD2等同于企业慈善行为。此外，本次调研的高科技企业占到30%，该类企业由于对员工劳动技能有特殊要求，很多企业无法雇佣此类人员。

经济发展维度剔除题项JJ5，原因如下：经济维度的前四个题项均可以直观地反映出企业本身的经济状况，而拖欠税款并不能反映一个公司的经济状况是否良好，企业拖欠税款的原因是多方面的，如企业经营不善、纳税意识淡薄等。此外我国的税收法制存在法律体系不健全、监督机制不完善等问题，这也可能成为企业拖欠税款的原因之一。因此，税收题项在一定程度上无法直接反映企业的实际经营状况。

人权维度剔除题项 RQ4，原因如下：目前，在人文关怀方面，我国的企业跟外资企业相比，确实存在一定的差距，从调研数据得分也发现我国企业 RQ4 得分 3.6 低于外资企业的 4.3，但人权维度整体得分 4.3 与外资企业的 4.5 相差较小，这与国家之间的管理制度不同相关。例如，我国企业虽不为员工提供育儿房，但我国《女职工劳动保护特别规定》对哺乳期的女职工均有相应的政策规定和照顾。

公平运营维度剔除题项 GP5，原因如下：政治活动往往与企业高层管理者的政治职务相混淆，被认为是管理者的个人行为，而领导职能中明确提出领导的职位权力中包含了其代表性，其政治行为代表了企业的立场和观点。剔除题项 GP8，原因如下：我国目前对知识产权的保护力度不够，企业保护知识产权的意识差，美国商会下属的全球知识产权中心发布的《2012 年度知识产权报告》着重关注了美国、英国、中国、印度等 11 个国家。在满分为 5 分的执法力度评估中，中国以 0.5 分位列 11 国之末。可见，知识产权保护也将成为 CSR 领域发展的重点之一。

消费者问题维度剔除题项 XFZ1、XFZ4，原因如下：当下我国的知识产权保护法还不完善，公司出于对企业生产技术和知识产权的保护不愿意公布企业产品工艺方面的信息。此外，由于本次调研的企业包含 13 个行业，制造业在调研企业样本中只占 5%，很多企业并未涉及新产品开发。同时，也在一个侧面验证了龙文滨和宋献中（2014）的研究结论，即行业特性会影响 CSR 实践的发展。

责任治理维度剔除题项 ZR7、ZR8，原因如下：中国社会科学院发布的《企业社会责任蓝皮书（2015）》显示近八成的企业得分低于 60 分，表明我国企业目前尚未从战略高度对 CSR 进行审视，并未融入企业的日常经营，因此，CSR 的员工参与度较低，导致题项 ZR7 被剔除。Strand（2013）指出公司治理结构中建立 CSR 相关机制和对 CSR 的发展至关重要，企业要加强相关管理机制的建设。我国非政府组织由于规模小、活动范围有限及对政府依赖性强等问题，主要通过间接方式影响企业行为，且在 CSR 方面的非政府组织力量相对薄弱，影响能力有限，因此企业对该方面的活动积极性较差。

社区发展维度剔除题项 SQ4、SQ6，原因如下：目前我国政府、企业、学校的合作大多数是基于单方面诉求展开的，属于应急型，尚未真正建立在优势互补的基础上。同时也跟我国的教育体制以及长期以来"重学轻术"的观念关系很大。在本次问卷的验证中意外删除了慈善题项。近年来出现的三鹿奶粉、天津塘沽大爆炸等事件，致使众多企业暴露出存在已久的痼疾，即在某些方面表现优异，但在另一些方面却表里不一，这些都导致人们考虑 CSR 和慈善的不等同性，同时也在一定程度上给企业带来了误导——慈善不是 CSR，但 Carroll（1991）将 CSR 划分为经济责任、法律责任、伦理责任和慈善责任。可见慈善是 CSR 的重要组成部分。为了促进社会的和谐发展，慈善将是我们永恒的社会主题，在今后的研究中需要进一步探讨。

3.5.2 管理启示与局限

对 CSR 进行量化研究是目前学术界的流行做法，然而测量手段和研究方法缺乏足够的科学性和严谨性，导致目前 CSR 绩效评价体系缺乏相应的权威，从而不断地遭到质疑，而这也是制约中国企业实施 CSR 的关键问题之一。基于以上原因，本章开发了 CSR 绩效评价体系，该绩效评价体系的开发具有以下三点意义。

首先，为 CSR 领域内量化研究提供了工具基础。当下学者们在研究 CSR 与绩效、竞争力等相关关系的时候，由于绩效评价体系缺乏统一性，研究结果千差万别、研究结论迥然不同，严重影响研究成果的准确性和说服力。当前学者和机构开发的绩效评价体系主要分为规范主义和经验主义两类，本章以当下两类主义的典型代表 ISO26000 及 GRI 4.0 为基础，结合国内外学者和机构开发的绩效评价体系得出八个维度的 CSR 绩效评价体系，并通过对 203 家企业进行调研和访谈，实证检验了绩效评价体系的信度和效度，为该领域的进一步深入量化研究奠定了工具基础。

其次，为企业化 CSR 提供创新动力，为企业实现转型升级提供了依据，也为对于 CSR 持观望态度的企业指明了方向。我国于 2015 年 5 月出台《中国制造2025》，大力推进由制造大国向制造强国的转变。企业应抓住机遇依托 CSR 创新企业商业模式、提高产品质量以满足消费者需求，进而实现转型升级。此外，从总体看，我国企业对 CSR 的理解和认识还比较浅显，企业高管的 CSR 意愿还不够强烈，该绩效评价体系为对 CSR 持观望态度的企业实施 CSR 指明了方向，尤其是绩效评价体系以社会诉求为具体维度划分，企业可结合企业实践和所处行业特色有针对性地落实 CSR，提高了 CSR 的实质性。最后，该绩效评价体系也为已经实施 CSR 的企业进行企业自纠自查及改进其 CSR 实践提供了方向和依据。

最后，为政府和利益相关者的监督界定了有效的范围和内容。政府作为企业的主要利益相关者之一，在引导和监督企业履行社会责任中扮演着重要角色。当下国内学者主要是将 CSR 纳入公司治理，强调责任效力层次化，提出赋予外在约束力，进而将 CSR 逐步推向制度化，政府可依据该绩效评价体系的具体维度和内容，积极制定并改善以"预防为主"的相关法律法规，从以治理为基础指导下的防治，拓展到以预防和治理为基础指导下的防治结合，有针对性地对 CSR 进行监督和指引，从法制上保证可持续发展的顺利进行。

本章旨在更新、丰富目前的 CSR 实证领域的成果，对更符合要求的测量工具的开发进行探索。然而，由于经费和时间的不足以及研究人员能力的限制，存在着以下不足。

第一，调研的企业主要集中在辽宁省，虽然研究也调研了吉林、河北、河南的一些企业，但所占比率较小，从而缺乏一定的普适性。

第二，样本企业虽涵盖 13 个行业，但农林牧渔、能源业所占比重不足 1%，大部分集中在建筑业和批发零售业上，两个行业所占比重分别为 18.6%和 24.7%，行业选择的不均衡可能导致研究的结果存在一定的偏颇。

第4章　基于意义建构的企业社会责任驱动因素

本章主要通过单案例研究方法，基于意义建构理论，进行 CSR 驱动因素的分析。本章建立了 CSR 驱动因素的理论框架，以壳牌石油的 CSR 实践为例，对该理论框架进行探索性研究，尝试为推动 CSR 实践和管理的发展提供案例借鉴。

4.1　理论框架

基于意义建构理论视角，一个组织的决策是建立在如何理解这个世界的基础上的。CSR 对企业而言是一种变化，是企业与利益相关者共同的意义建构过程，而且这是一个持续的过程。Kunal 等试图从这个角度来分析 CSR，认为只有分析内部制度因素才能真正看到不同企业的差异，所构建的意义建构理论模型在对不同企业的意义建构进行横向对比、区分不同企业的意义建构过程的实质性差异方面具有重要的理论价值，但是这一 CSR 意义建构过程模型强调的是意义建构过程的差异性，能够把不同企业的意义建构过程区分开来，其缺点是无法看到纵向的演化过程。而探索意义建构过程的驱动因素正是本章的重点之一，这一研究的意义和价值在于为企业更好地承担社会责任找到具有可操作性的行动路径，依据组织意义建构的理论，承诺和控制是驱动意义建构过程的行动机制，辩论和期望是驱动意义建构的信念机制。

基于以上分析，可以认为企业社会责任受 CSR 承诺、CSR 控制、CSR 辩论、CSR 期望驱动，具体的驱动机制表现在以下四个方面。

（1）CSR 承诺。为了让组织行动，必须让组织做出承诺。承诺是关于形成某项行动的决策，独特性在于"它强调了行动、可见性、意志、不可逆转性在意义的形成和持续中的重要性"，作用在于将为组织好的认知转化为更加有序的模式。

组织意义建构过程通过承诺使组织能够聚焦注意力，揭示现实未被注意的特点和赋予现实以价值而不断向前推进。CSR 承诺是指企业决定将利益相关者的价值需求纳入企业的决策过程中，通过将企业的注意力转向综合价值的创造，揭示整合企业与社会关系带来的价值从而驱动 CSR 意义建构过程。

（2）CSR 控制。控制是一种积极的意义建构过程。通过控制行为可以为组织成员创造出可以理解和管理的环境。CSR 控制是指高层管理者为企业成员创造一种可以理解和管理自身责任的环境，包括建立利益相关者的参与机制、设置专门的 CSR 委员会和专职的 CSR 管理者、在雇员和功能部门的绩效考评中关注社会绩效。CSR 控制通过建立一种环境使企业成员明白在企业决策中需要输入哪些信息，如何进行决策及哪些信息才是驱动 CSR 意义建构过程中最重要的。

（3）CSR 辩论。辩论是从一种观点推到另一种观点的一个过程，在辩论过程中，组织成员需要解释行动的理由，这些理由是在构建和批评解释的过程中所发现的新的解释，正是这些新的解释不断促进组织的意义建构过程。CSR 辩论是指在企业价值决策过程中，来自不同文化背景下或同一文化背景的利益相关者在理解现实方面确实存在实质性的冲突，要解决由于不同因素造成的价值冲突就必须对这些基于不同情境的价值经验的有效性进行评估和检验。CSR 辩论通过使企业与利益相关者从二分法的视角中走出来，采用一种全面认知问题的回应方法，从而达成行动的一致性，来驱动 CSR 意义建构过程。

（4）CSR 期望。期望是指人们把一些事情看做他们必须要做的事情，从而使人们产生一种选择性的注意力。期望会影响人们的推论和记忆，更为重要的是，它会影响已经完成的事情。期望会引导人们对目标事情做出新的解释，这种新的解释会驱动组织的意义建构过程。CSR 期望是指企业在决策过程中整合利益相关者的价值需求，将责任理念融入企业的管理实践中的强烈愿望。CSR 期望的形成能够使企业将责任融合到管理过程中的不确定因素转化为内部的稳定因素，驱动 CSR 意义建构过程。根据以上分析，本章构建了 CSR 驱动因素的理论框架，如图 4-1 所示。

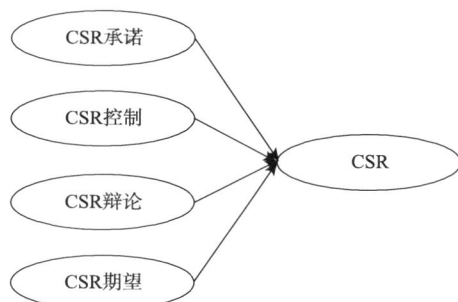

图 4-1　CSR 驱动因素的理论框架

4.2　研究方法

4.2.1　研究方法的选择

理论驱动型案例研究要求必须紧扣已建立的理论框架，发掘有力的定性数据去验证和发展理论，它有利于进行一些复杂的、无法定量分析的、还不是很成熟的框架理论研究。单案例研究的优越性在于能更加深入地进行案例调研和分析，尤其是对于本章所进行的过程研究而言非常适合采用单案例研究方法。因此，本章采用理论驱动型单案例研究方法来探索本章提出的问题。本案例研究的对象是跨国能源企业—— 1907 年由荷兰皇家石油公司与英国壳牌运输和贸易公司合并成立的壳牌石油。

4.2.2　数据来源

在运用案例研究论证理论的过程中，收集并筛选各种来源的数据对提高论证的质量和可信度是至关重要的。为了进行案例研究，通过壳牌石油的官方网站、期刊文章、商学院案例等途径进行了背景信息收集，收集到有关壳牌石油的资料类型包括以下几类：①由壳牌石油公开发布的 CSR 报告；②壳牌石油高层管理者及 CSR 变革代理人撰写的书籍、文章和演讲稿；③公司有关 CSR 方面的内部刊物或文件；④外界出版的有关壳牌石油发展的数据；⑤有关壳牌石油的案例研究成果。此外，为了丰富对壳牌石油 CSR 意义建构过程的理解，还阅读了媒体对壳牌石油的报道以及壳牌石油网站上的相关材料。

数据分析是案例研究的重点，但没有特别明晰的、可供遵循的路径和方法，如何抽丝剥茧并获得有创意的研究成果是比较困难的，这在一定程度上确实依赖于研究者本身的积累和研究过程中的思想火花。在本案例研究中，案例资料的收集、编码及分析通常交错在一起。在资料收集时就注意了对研究主题的倾斜，并根据前期的资料与案例研究主题的关联度调整下一步资料收集的广度和深度。在数据资料处理过程中，按照典型内容的分析思路，对收集到的数据资料做了初步理论框架指导下的分类，通过资料分析和理论回顾来分析主要类别和概念范畴之间的关系，在数据分析过程中开展的讨论为数据分析的方向做了充分的准备，这是一个持续性的数据分析过程。在这个过程中，经验分析的基本理论框架逐渐形成，并在分析的后期对前期的分析结论加以复核，经过不断修正，案例研究的内部效度得到进一步提升。

4.2.3 壳牌石油作为案例研究对象的可行性

壳牌石油现在是世界第一大石油公司。选择壳牌石油的原因在于：第一，理论抽样要选择特别能说明和表现主要理论概念之间逻辑联系的研究对象，甚至是稀有和极端的对象。壳牌石油在 CSR 方面的表现优秀，并且曾经历过比较长的探索过程，已经成为 CSR 实践的领跑者。从全球来看，壳牌石油是 CSR 理念和行动方面的领导者之一。第二，进行案例研究对象选择的一个重要考虑因素是其非同一般的独特经验和启示。对一个从崇尚技术理性的企业转变为一个 CSR 实践的领导者的驱动因素进行探索性分析，对于其他企业而言具有重要的借鉴意义。

4.3 壳牌石油企业社会责任意义建构的过程

壳牌石油是国际上主要的石油、天然气和石油化工的生产商，在 30 多个国家的 50 多个炼油厂中拥有权益，同时也是全球最大的汽车燃油和润滑油零售商，在融资、管理和经营方面拥有丰富的经验，业务遍及全球 145 个国家，雇员近 12 万人。1998 年壳牌石油首次发布 CSR 报告，如今的壳牌石油已经从一个"封闭的"经济实体发展成为全球 CSR 的领跑者。

（1）启动背景：20 世纪 90 年代，整个社会对环境日益关注。壳牌石油作为最大的石油企业，其经营行为受到了非政府组织的关注，非政府组织和不堪忍受企业经营带来的恶性影响的社区人权代表使壳牌石油的经营陷入了重重危机。

（2）社会危机：1995 年初，壳牌石油根据科学家和工程师的建议打算将一废弃的重 14 500 吨、高 137 米的名为"布伦特号"的海上储油平台沉入深海。负责停运"布伦特号"的项目管理者艾瑞克说："我们是作为工程师来看待这样的问题，分析了可能的解决方案，并尽最大努力基于科学和事实，最终获得了平衡的解决方案。"但是壳牌石油基于"科学"调研的环境评估直接导致绿色和平组织在欧洲对壳牌石油发起一次联合抵制活动。此后的几个月里，绿色和平组织精心设计了一场公众响应极其默契的闪电战，引起公众对壳牌石油的强烈抨击。这是壳牌石油当时遭遇到的最大的社会危机。

布伦特石油平台事件

伦特·斯帕尔石油平台是壳牌石油的一个可移动的石油存储装置，位于苏格兰附近的北海地区，包括整个布伦特油田的储油罐和运载装置，在连接布伦特地区和萨罗姆之间的海底输油管道竣工之后，布伦特石油平台仅作为临时的储存容器。在例行安全检修时，技术人员发现布伦特石油平台的两个油罐有裂痕，由于这些储罐内在以前的运输过程中沉淀了大量的淤泥和残油，裂隙扩大会导致污染物外泄，这将对北海的海洋环境带来影响。在花费了三年的时间及上百万美元的巨资进行评估之后，壳牌石油面临着一个难题：如何处理这个废弃的储油设施。

专家提出了三套解决方案：一是就地拆卸，成本最低，但是无法解决污染问题；二是海滨拆卸，污染可以控制，但是过程中及后期处理中随时都有可能发生工人伤害或者污染灾难；三是深海处理，即深海掩埋，成本不高，且对环境的威胁较小。壳牌石油最终决定将平台沉到距离海岸线 240 千米处的 2 000 米深的海底。

绿色和平组织对壳牌石油的处理方式并不满意，认为壳牌石油在处理平台的分析报告中掩盖了一些不良后果，如低估了污染物的有毒性等，并在媒体上公开曝光，声称壳牌石油是无视公共环境的典型。对此，壳牌石油极度委屈，公司花费三年时间及上百万美元对处理方案进行评估，正是因为充分考虑了环境保护的问题，公司并没有采用成本最低的就地拆卸的处理方法。

双方矛盾的激化，引发了激烈的舆论冲突，欧洲各大报纸的标题都把壳牌石油称为"对环境不负责任的公司"，消费者开始联合抵制壳牌石油的产品。迫于压力，壳牌石油放弃了处理布伦特石油平台的计划，但这一决定并没有停止绿色和平组织及媒体对壳牌石油的指责。

（3）政治危机：同样是在 20 世纪 90 年代中期，壳牌石油在尼日利亚运营给当地的生态环境造成了破坏，1995 年，人权活动家、环境保护家、奥戈尼人民生存运动的领导者维瓦与其八名同伴被尼日利亚军事政府以谋杀的罪名拘留、审判并处死。壳牌石油不仅没有代表那些人的权益进行充分的干涉，并且还继续在受到国际社会强烈反对的尼日利亚军事政权统治下进行投资和运营，这一切导致壳牌石油陷入一场政治危机。

壳牌石油的管理者除了要应对庞大的投资需求、有经验的竞争者与快速变化的顾客偏好，还要面对激进的抗议者、焦虑的政客及日益愤世嫉俗的公众。壳牌石油已经不能再对自身经营行为给社会和环境带来的影响不管不顾，这些因素开启了壳牌石油 CSR 意义建构过程。

尼日利亚人权事件

尼日利亚一名部族首领在 2011 年 10 月 20 日宣布已经起诉壳牌石油，要求壳牌石油就溢油污染赔偿 10 亿美元，原因是壳牌石油在尼日利亚的作业没有采用其在全球其他地区所用的最佳技术和手段"预防和控制输油管道溢溅"，采用措施"远低于国际认可标准"。根据联合国 8 月发布的一份报告，经过 50 年的石油开采，尼日利亚三角洲地区地下水"严重污染"、碳氢化合物渗透到地下 5 米深的泥土中，污染情况普遍存在。

美国最高法院 2011 年 10 月 17 日考虑受理的案件中，涉及 7 名 1992~1995 年遭尼日利亚当局杀害的尼日利亚三角洲地区奥格尼地区居民。该 7 人遇害原因据悉与他们反对在三角洲地区勘探石油有关，他们的 12 名亲属指控壳牌石油串通前军政府，应对"谋杀、拷打等其他虐待事件"负责。奥格尼地区民众先前对壳牌石油提出类似指控，称受害者死于石油巨头支持下的镇压，2009 年，壳牌石油与部分受害者家属达成协议，共计赔偿 1 550 万美元，希望旧怨就此了结，但一些受害者亲属并不买账，坚持继续诉讼。而对于此次侵犯人权的指控，壳牌石油坚称自己"自始至终"清白，先前赔偿是出于"人道主义行为"。壳牌石油在辩护状中表明：这起案件的实质是荷兰和英国控股的企业必须在美国法庭上，就尼日利亚政府在尼日利亚的行径做出回应，涉嫌为尼日利亚政府提供帮助的是与企业无直接关系的尼日利亚子公司。

资料来源：网易新闻，http://money.163.com/11/1022/08/7GV65NAU00253 B0H. html

（4）演进阶段：面对危机，壳牌石油开始了长期的 CSR 探索过程，但是这个过程开始是模糊的、不确定的。"公众的信任不断降低、社会对企业的环境社会绩效的讨论越来越多"是壳牌石油管理层对当时企业所面临的环境的描述。但是壳牌石油的积极行动不断驱动壳牌石油进行持续的社会责任意义建构过程。依据相关学者所提出的定义，按照企业在决策中是否考虑利益相关者的价值需求、利益相关者对企业价值决策的参与程度及企业对利益相关者的参与能力，壳牌石油的社会责任意义建构过程可以分为社会回应、战略责任和全面责任文化三个主要发展阶段，如表 4-1 所示。

表 4-1　壳牌石油 CSR 意义建构的三个阶段

阶段	决策文化	决策目标	利益相关者态度	利益相关者参与	利益相关者沟通
社会回应阶段（1994~1995 年）	技术理性	利润最大化	被动回应	无	单向沟通
战略责任阶段（1996~1997 年）	文化变革	公众的第一选择	主动管理	有	双向沟通
全面责任文化阶段（1998 年至今）	伦理文化	可持续发展	主动参与	专门能力	双向沟通

4.4　壳牌石油企业社会责任意义建构过程的驱动因素分析

从社会回应阶段演进到全面责任文化阶段受壳牌石油的 CSR 行动和 CSR 信念驱动，这是一个持续的过程，行动和信念是相互交织在一起的，并不能严格地区分开来，但是为了更清晰地揭示不同的要素在驱动壳牌石油社会责任过程中的作用，下面将 CSR 行动和 CSR 信念相互交织过程剥离开来，分别论证不同的要素在驱动壳牌石油社会责任过程中的作用。

CSR 行动对壳牌石油的 CSR 意义建构过程的开展具有重要的价值。就如一项心理学的实验所证明的"就算一小步，唯有让人们采取行动，他们才会逐渐地赞同这件事情"。此外，行动之后的肯定过程，也能够进一步地激励人们的行动，所谓行动，就是不断公开赞扬过程当中跨出的一小步。

4.4.1　壳牌石油的企业社会责任承诺

CSR 承诺对驱动壳牌石油的社会责任意义建构过程具有重要作用，正如 2000 年壳牌石油的首席执行官马克·穆迪所说："我们的成功依赖于壳牌人的承诺，它使我们充满信心，能够使我们持续地面对来自不确定的世界的各种挑战。"自 1995 年以来，壳牌石油在不同的阶段都做出了 CSR 承诺，如表 4-2 所示。其中壳牌石油承诺重新起草《一般商业原则》对推动壳牌石油的 CSR 意义建构过程具有重要的意义。这一承诺使壳牌石油开始明确商业运营在人权和政治干预问题上的基本立场。面临外部的压力，壳牌石油做出的第二个承诺是反思企业文化。这一承诺使壳牌石油的决策者开始注意到企业在面对利益相关者的价值需求时，存在"不关心外界、防御性、彼此之间及对外部的沟通不足"等问题及自我隔离和傲慢的文化特征。也就是说，如果没有承诺反思企业文化，壳牌石油不会认为自己的态度存在任何不合适的问题，也就不会在文化上进行变革。

表 4-2　壳牌石油在不同发展阶段做出的 CSR 承诺

阶段	CSR 承诺
社会回应–战略责任阶段 （1995~1996 年）	重新起草《一般商业原则》
战略责任–全面责任文化阶段 （1997~1998 年）	承诺发布 CSR 报告（1997 年） 实现可持续发展

无论是承诺重新起草《一般商业原则》，还是承诺反思企业文化，都促进了壳牌石油在社会责任态度方面的转变，开始从文化和原则方面思考社会责任对企业战略运营的重要性。这促使企业在内外部沟通环境、领导风格及决策文化方面开始变革。

1997 年以后，壳牌石油承诺发布社会责任报告、实现可持续发展，驱动了壳牌石油在社会领域方面的行动。例如，在环境方面，壳牌石油很快达到了《京都议定书》中减少排放的目标，并声明在石油开采时将会停止通过通风或燃烧来处理有害气体。壳牌石油也建立了一个新的业务线，并在当时承诺在 5 年内投入500 万美元用于再生燃料的研究。1999 年，开展的项目包括与戴姆勒–克莱斯勒公司合作生产氢燃料电池，在南非发展太阳能，以及在挪威达成一个木材生物能量交易。

4.4.2　壳牌石油的企业社会责任控制

与 CSR 承诺比较，CSR 控制意味着壳牌石油要建立一种管理机制，确保企业能够将利益相关者的期望和要求纳入企业的决策过程，为此壳牌石油在战略责任阶段不仅展开了对利益相关者的调查，而且对外部事务部门进行了彻底的变革。在全面责任文化阶段，壳牌石油还制定了可持续发展的框架并确定了关键的绩效指标。壳牌石油在不同发展阶段进行的 CSR 控制如表 4-3 所示。

表 4-3　壳牌石油在不同发展阶段进行的 CSR 控制

阶段	CSR 控制
社会回应–战略责任阶段 （1995~1996 年）	对利益相关者期望进行调查 对外事务部门的变革
战略责任–全面责任文化阶段 （1997~1998 年）	制定可持续发展框架 确定关键绩效指标

在社会回应–战略责任阶段，壳牌石油最重要的 CSR 控制行动就是开展对利

益相关者的期望调查。

1996 年初壳牌石油开始关注利益相关者对企业的价值需求，开始通过多渠道倾听员工、零售客户及社会公众对壳牌石油的期望和要求。对利益相关者价值需求的调查研究使壳牌石油意识到一个新的管理时代已经到来，在这个新的管理时代，企业必须关注利益相关者的价值需求。

壳牌石油的另外一个重要的控制行动是在 1996 年和 1997 年对外部事务部门进行了改革，由原来的极度分散变得更加集中，一方面有助于在企业内部创造一种员工可以理解 CSR 的环境，如外部事务部门通过创办内部杂志将之前对利益相关者的调查结果、企业声誉研究、企业在社会和环境方面的创新得以在组织内部传播；另一方面，外部事务部分的变革能够创造一种外部利益者理解 CSR 的环境，这一变革使壳牌石油在处理利益相关者关心的议题方面变得更加开放和公平，强化了企业与利益相关者之间沟通和交流的目的，这一 CSR 控制行动在壳牌石油随后处理"布伦特号"实践中效果非常明显。1996 年春天，壳牌石油从之前的单向沟通转变为双向沟通——建立了一个专门的布伦特网站，人们能够从网站上得到有关这一事件的背景消息和最新消息，并可以在网上表达自己的观点。壳牌石油就"布伦特号"在陆上的处理征求了利益相关者的建议并对这些建议进行了独立评估，并在 1997 年通过几场对话会议与利益相关者进行了讨论。最终"布伦特号"被改造为一个轮渡码头得以重新利用。

在战略责任-全面责任文化阶段，壳牌石油在管理方面做出的一个重要举措就是确定了关键绩效指标。它不仅满足了外部利益相关者对更高透明度的需要，而且能够帮助企业设立目标，衡量基准表现，驱动企业在 CSR 表现方面继续提高。当时壳牌石油管理执行委员会的成员马克·穆迪这样说道："KPIs（关键绩效指标）并不会努力去衡量每一秒钟的可持续发展，但它能使我们关注可持续发展的各个组成部分的提高并提升企业的表现。促进可持续发展就是整合社会、环境和经济方面需要的同时平衡短期优先事项与长期需求。我们将利益相关者作为一个管理工具，通过它我们能够更好地理解我们做出决策的环境——能够识别风险与机遇，从而做出更好的决策。"在壳牌石油承诺进行文化变革、重新起草《一般商业原则》、承诺发布社会责任报告、开展利益相关者调查、变革对外部门、确定关键绩效指标的过程中，有很多模糊的问题需要解决，这些问题是任何一个企业在将自身的社会责任整合到决策过程中都必须解决的难题，对于壳牌石油来说也不例外，不仅这些问题本身是隐藏的，而且需要壳牌石油成员自己去寻求问题答案。

4.4.3　壳牌石油的企业社会责任辩论

将 CSR 融入企业的决策过程中迎来了企业内部成员的广泛抵制，在企业内部产生了很多冲突和争论。自壳牌石油启动社会责任意义建构过程以来，在企业内部针对一些问题展开了辩论，CSR 辩论是企业内部达成一致的关键。会议是组织开展辩论的主要形式。从社会回应阶段到战略责任阶段再到全面责任文化阶段，壳牌石油内部针对各种问题展开了各种辩论，如表 4-4 所示。

表 4-4　壳牌石油在不同发展阶段做出的 CSR 辩论

阶段	CSR 辩论
社会回应-战略责任阶段（1995~1996 年）	怎么才能满足公众的期望？企业的核心目的是什么？
战略责任-全面责任文化阶段（1997~1998 年）	盈利和原则必须选择其一吗？关键绩效指标如何制定？

在社会回应-战略责任阶段，将 CSR 纳入决策过程汇总首先面临的问题就是如何满足利益相关者的期望，对于壳牌石油而言，这一问题的答案是模糊的，没有任何经验可以借鉴。为此壳牌石油邀请世界各地的专家进行了一系列的圆桌会议来讨论"怎么才能满足公众的期望"。

1997 年，当壳牌石油承诺发布年度的社会责任报告之后，组织的内部开展了各种备受瞩目的沟通活动，包括各种各样的圆桌会议、论坛和许多其他互动，在这些互动中，壳牌石油的执行者公开讨论环境、社区、社会福利和人权问题。1998 年，壳牌石油发布了第一份报告《盈利和原则——必须选择其一》，这份报告是在内部辩论的基础之上才形成的。

关键绩效指标是壳牌石油管理 CSR 的重要工具，但是关键绩效指标应该设计哪些方面才能更好地将责任融入企业的决策中？这对于之前仅仅关注经济指标的企业来说是一个巨大的挑战和难题，壳牌石油为了构建关键绩效指标，已举行了 35 场与利益相关者面对面的会议，包括股东、非政府组织、劳工组织、学术界及政府，以明确 CSR 的基本元素并收集关键绩效指标初步实施状况的建议和反馈。不仅如此，壳牌石油还努力在清晰、简明的衡量标准与有关质量表现的模糊衡量标准之间寻求平衡。最终在辩论的基础上，壳牌石油开发了关键绩效指标的七个领域，包括经济、环境和社会问题。这些绩效指标一直沿用至今。

4.4.4　壳牌石油的企业社会责任期望

CSR 期望是指企业在决策过程中整合利益相关者价值需求，将责任理念融入企业的管理实践中的强烈愿望。壳牌石油在 CSR 意义建构过程中形成了不同的 CSR 期望，如表 4-5 所示。

表 4-5 壳牌石油在不同的发展阶段做出的 CSR 期望

阶段	CSR 期望
社会回应–战略责任阶段 （1995~1996 年）	利益相关者的第一选择
战略责任–全面责任文化阶段 （1997~1998 年）	壳牌石油期望将可持续发展整合到整个企业的运营中

在社会回应–战略责任阶段，壳牌石油形成的第一个 CSR 期望就是成为"表现最好的"第一选择。为了实现这一战略期望，壳牌石油开展了一系列行动。首先是管理执行委员会发布了一份"壳牌商业规划"，这份规划详细地描述了壳牌石油要获得的必要的突破性表现。其次是壳牌石油在文化方面的具体变革。壳牌石油管理执行委员会主席提倡在企业内树立一种新的意识，旨在"释放人才"，在文化上想要的变革包括：摆脱孤立性、傲慢、守口如瓶的特质，将经营责任拓展到积极地关注或管理外部、在企业内外保持开放的沟通方式、保持信息和运转的透明及责任到位。最后是壳牌石油成立了一个由年轻的管理者、各种运营地区的专业人员组成的"价值创造"团队，来重新定义企业的声誉。无论是商业规划的制定、文化方面的变革还是重新定义企业的声誉都是在"表现最好的"第一选择的 CSR 期望引导下形成的目标，对壳牌石油的 CSR 意义建构起到了关键作用。

在战略责任–全面责任文化阶段，壳牌石油期望将可持续发展整合到整个企业的运营中，为此，壳牌石油构建了可持续发展目标。为了促使整个企业关注这些目标，壳牌石油又重新安排了治理结构架构，包括设立了一个董事会级别的可持续发展委员会和一个企业层面的可持续发展团队。在可持续发展委员会的指导下，企业层面的可持续发展团队制定了一个综合性的五年发展战略，将可持续发展实践融入企业的商业实践中。

4.4.5 研究结论

本章基于意义建构理论，从企业自身的 CSR 行动和信念构建了 CSR 驱动因素理论框架，并结合壳牌石油的 CSR 意义建构过程解释了 CSR 被制度化到企业内部的过程，通过研究得出以下结论：①外部制度环境能够驱动 CSR 实践，能够被用来构建行动任务、引导人们开始行动，将线索、认知和框架联系起来。但制度仅仅能起到一种刺激作用，如果要成为负责任的企业，必须在组织内部完成一次蜕变过程，因此，内部因素才是驱动 CSR 的关键。②CSR 实践是一个持续的过程，这个过程就是一旦企业做出 CSR 承诺，要在企业内部创造一种企业成员可以理解和管理的环境，只有在这种环境中，企业成员才会结合自身的行动在企业内部展开 CSR 辩论，通过辩论在企业内部达成一致，并最终引导企业从 CSR 实践转向

CSR 期望，如果缺失这一过程，企业就不可能把自身的社会责任整合到企业的决策过程中，也就不可能真正承担自身的责任。③CSR 实践过程需要做好知识和心态的双重准备。与传统的观点认为 CSR 受企业领导者的价值观驱动不同的是，本章认为 CSR 与企业的利益相关者参与能力有关，要更好地承担社会责任就要做好知识和心态的双重准备，这不仅要求企业成员具备一定的伦理常识、具有一定的意义建构能力，而且还要具有一个开放的心态，只有由这样的员工组成的企业才能成为一个真正负责任的企业。

第5章 企业社会责任信息披露的系统动力学模型构建

在对企业履行 CSR 的驱动因素进行研究之后了解到，企业履行 CSR 是企业和利益相关者之间共同意义建构的结果，在两者的沟通过程中，企业主要通过对 CSR 信息进行披露的方式，向利益相关者传递 CSR 相关信息，故在本章中将针对 CSR 信息披露进行动力学研究。CSR 信息披露逐渐成为企业普遍面临的两难选择，也是现阶段学术界关注度较高的研究问题之一。现有研究回答了哪些因素影响 CSR 信息披露，却很难回答这些因素的影响机制以及整个 CSR 信息披露的过程。本章以信息的"需求-供给"为基础，以"收益-成本"为约束，构建 CSR 信息披露的概念模型和系统动力学模型，以"天津塘沽大爆炸"和"长江客轮翻沉"事件为例，探究 CSR 信息的披露过程及其影响因素的作用机制。研究结果表明：对信息披露的"收益-成本"的预期、信息披露策略及外部利益相关者学习能力的差异是影响 CSR 信息披露的主要因素。

5.1 企业社会责任信息披露的概念模型构建

5.1.1 企业社会责任信息的需求和供给

1. 企业社会责任信息的需求

CSR 信息披露行为既可能是利益驱动的自愿性行为，也可能是压力作用下的强制性行为。信息需求者可能是有主动需求的，这类需求可称为现实信息需求，如关注企业环境绩效的环保组织对企业的相关环境绩效信息就有主动的需求；也有可能是对信息没有主动需求的，相对的，这类需求可称为潜在信息需求，如很多产品的广告中强调的关于产品的"优势"。这两类信息需求是会发生相互转化的。

概括来说，对 CSR 信息的需求可以大致分为两类：一是外部利益相关者的需求；二是企业的需求。外部利益相关者的需求是企业的需求产生的充分条件。

1）外部利益相关者对 CSR 信息的需求

近些年来，关于 CSR 信息披露的话题引起越来越多的关注，很大一部分原因就是利益相关者对 CSR 问题的更加关注。利益相关者需要掌握更多的 CSR 信息，并根据这些信息来进行决策或维护自己的利益，以提高外部舆论的监督力度。

（1）消费者的需求。消费者的需求是其他所有需求产生的基础，随着卖方市场向买方市场的转变，消费者已经成为对公司有重大影响力的利益相关方之一。近年来，一系列负面事件的影响以及消费者责任意识的增强使他们不仅仅关注企业的产品，还要求了解企业运营过程中的一系列行为及其决策对社会可持续发展的影响。不仅关注企业是否有损害消费者的行为，还关注企业员工的权利是否得到保护，企业是否对环境进行了不负责任的污染等。McCabe（2000）的研究显示，近 80% 的受访消费者表示不会购买在"血汗工厂"里生产出来的衣服，他们在做购买决策时会大量地参考公司的 CSR 信息。

（2）投资者的需求。公众对 CSR 的关注和重视促成、推动或者说衍生出了投资者的"责任导向"。近些年来，在世界范围内兴起并不断扩展的"企业社会责任投资"正是反映了投资者对 CSR 的关注以及对 CSR 信息需求的增长。Lang 和 Lundholm（1996）的研究显示，75% 的美国投资者在做投资决策时都会考虑到企业的 CSR 绩效状况。进一步地，Epstein 和 Freedman（1994）通过调查发现，散户投资者对 CSR 信息有更多的需求。

（3）非政府组织的需求。非政府组织往往是公共利益的发言人，在维护弱者、公共利益方面发挥着十分重要的作用。随着非政府组织的越来越强大，其对企业的行为也产生着越来越大的约束和监督。它们对企业的信息披露内容有广泛的要求，且较为强调企业对反面的政策和信息的披露。Tilt（1994）对澳大利亚 146 个非政府组织的调查发现，这些公司普遍对 CSR 信息披露有较高的要求。它们期望借用这些信息来对相关企业的行为进行监督、约束，以维护公众的利益以及区域甚至全球的可持续发展利益。

（4）供应链合作企业的需求。Urbaniak（2015）调查发现，在近些年，企业在关于可持续发展方面的作为，越来越多地受到其客户企业的监督和约束，反映出 CSR 在实践中也不再仅仅是"自己的事"。CSR 之所以受到来自供应链企业越来越多的关注，是因为供应链中企业的 CSR 行为会对供应链中每个企业的声誉都有重要的影响。因此很多企业，尤其是大型企业都会对供应链上其他企业的 CSR 进行监督、审查，要求对方提供相关的 CSR 信息。

（5）政府机构。政府是企业的特殊利益相关者，具有规范企业行为的强制力

（法律或其他一系列的政策），既是企业行为的监督者，也常常扮演着企业与利益相关者之间关系调节者的角色。作为监督者，政府需要企业提供相应的具有真实性的 CSR 信息，并据此对企业行为进行引导、约束，给予企业一定的奖惩。作为调节者，政府需要考虑其他利益相关者对信息的需求，并据此适当地借用自身对企业的影响力，促进企业回应利益相关者的 CSR 信息需求。近年来，很多国家的政府机构都出台了相应的政策或规定，如法国政府于 2001 年颁布的《诺威尔经济管理条例》、澳大利亚于 2007 年颁布的《国家温室气体与能源报告法案》、英国政府要求伦敦交易所的 1 800 多家上市企业自 2013 年起必须披露温室气体排放信息、美国政府于 2012 年采纳的《多德-弗兰克法案》及中国环境保护部于 2010 年颁布的《上市公司环境信息披露指南》，要求企业进行 CSR 信息的披露，以满足自身或其他利益相关者的 CSR 信息需求。

在本章的分析过程中，只将外部利益相关者作为一个整体来阐述其对 CSR 信息披露行为的驱动，而不考察个别利益相关者对信息披露影响作用及其相互间的差别。实际上，个别具有足够影响力的利益相关者对 CSR 信息的强烈需求就足以促使企业进行 CSR 信息的披露，而并不需要所有的利益相关者都具有强烈的需求和强大的影响力。因此，在本章建立的模型中，将所有的利益相关者作为一个整体来考虑是可行的。

2）企业对 CSR 信息的需求

本章中，企业对 CSR 信息的需求所要描述的是促使企业进行 CSR 信息披露的动机问题。企业进行 CSR 信息的披露并不总是为了回应外部利益相关者的需求，也可能是企业出于自身考虑而产生的进行信息披露的需求。企业在披露信息时只披露有利于企业的信息，而不披露会对企业产生负面影响的信息的现象即说明，企业的 CSR 信息披露行为并不总是出于对外部利益相关者信息需求的回应，在一些情况下更多是基于对自身需求的满足。在外部利益相关者越来越重视企业的 CSR 表现的前提下，企业会通过披露 CSR 信息来获得竞争优势或达成目的。从而，通过 CSR 广告来获得外部利益相关者的青睐成为企业的一种期待。越来越多的公司已经或开始通过各种渠道来宣传自己的"社会责任形象"。

"山西消费者最满意财险公司"—— 平安财险山西分公司

"2016 年度山西保险业消费者满意度评选活动"评选结果揭晓，平安财险山西分公司凭借在科技创新、客户服务和 CSR 等方面的杰出表现，一举摘得"山西消费者最满意财险公司"。评选活动历时 2 个多月，《山西晚报》特别邀请业界专家组成专家团，根据各保险公司在市场拓展、创新能力、服务质量等方面的表现，评选 2016 年度山西省最受欢迎的保险公司。近年来，平安财险山西分公司围绕消费者的需求与体验，一直致力于通过体制、机制、产品、服务及渠道创新，为客户带去更好的金融消费体验。平安财险山西分公司依托科技金融，开启 E 理赔体验模式，在客户服务满意工作方面取得了一定的成绩，连续三年斩获山西省车险理赔服务质量评比业内第一名。2016 年，平安财险打造好车主，建立车主生态圈，为平安客户和广大车主提供车辆保险、车辆理赔、便民代办、查违章、车主社区及资讯分享等在线服务，涵盖车主的"车保险、车服务、车生活"一站式服务，致力于成为车主用户专属的用车助手和车主管家。

此外，平安财险山西分公司还聚焦"慈善"文化，弘扬"大爱与责任"，通过开展教育、环境、救助等公益事业，积极履行企业社会责任。平安财险山西分公司表示，未来将继续立足"专业，让生活更简单"的品牌理念，深入推进综合金融，在产品、销售、慈善公益、社会责任等方面进行全方位的提升和推进，打造"领先的服务在平安"的品牌形象。

资料来源：商道纵横：新闻中心

Waller 和 Lanis（2009）在对全球最大的六家广告公司 2004 年年报进行分析后发现，企业将 CSR 信息看做建立良好公共关系的重要战略工具。Elkiington（1998）的研究也显示，大部分对外披露 CSR 信息的企业都将这种披露视为进行公共关系管理的工具，用于建立良好的公司形象。此外，当企业所在行业要面对环境污染、法律诉讼等困境时，或者为了应对某些突发事件或危机，如油气泄漏或爆炸等时，也常常期望通过 CSR 信息披露缓解困境。

改善企业形象、赢得顾客忠诚、获得社会投资机构或政府机构的支持、缓解有关方面对企业的抵制以及避免可能出现的风险等，都是企业进行 CSR 信息披露所能够获得的收益，从而都是促使企业进行 CSR 信息披露的动机。企业的 CSR 信息需求实际上就是对 CSR 信息披露行为能为企业带来收益的追求。

值得注意的是，在需求的作用下，企业或者外部利益相关者会产生相应的期望，但这种期望又不必然完全反映需求。本章涉及的期望反映的是主体根据现实条件对自己的需求能在多大程度上得到满足的理性判断。例如，企业为了达到自己的目标，需要 CSR 信息的披露达到 100 的水平，然而受到实际掌握的 CSR 存量水平以及信息获取能力、披露能力的影响，企业对 CSR 披露的期望水平则可能会低于 100。同样的，受多方面因素的影响，外部利益相关者期望的 CSR 信息披露水平也往往低于实际需求的量。

2. 企业社会责任信息的供给

1）企业社会责任信息披露的内容范围

所谓 CSR 信息的供给，即 CSR 信息的披露，是指企业向社会和更广泛领域的各利益相关群体披露其经济行为对社会和环境影响的行为过程。首先，有必要对 CSR 信息披露的内容进行简单的介绍。

尽管信息如同物质和能量一样是我们生活中最常用的基本概念，但不如后者那样为人类较早地认识和研究，只是到了 20 世纪中期，随着通信技术和控制理论的发展，对信息的获取、传递和处理等技术有了很大的进步后才成为人类自觉认识和研究的对象。但至今对信息还没有一个公认的定义。有的学者认为消息、资料和数据是一种狭义的信息；而作为物质的一种属性，是物质存在方式和运动规律与特点的表现形式，则是广义的信息。Wiener 认为，信息是人们在适应外部世界并且使这种适应反作用于世界的过程中，同外部世界进行交换的内容的名称。

所谓 CSR 信息就是关于 CSR 的信息。GRI 致力于建立具有最广泛适用性的指导企业发布具有较高使用效率的 CSR 报告的框架，该框架的主要组成部分是《指南》。《指南》是一个全球适用的框架，从而能够以其可靠性、全面性及所带来的可比性而成为目前指导发布社会责任报告应用最为广泛、最为权威的标准。据 GRI 官网数据显示，自 2006 年发布 GRI 3.0 版《指南》至 2011 年间，采用 GRI 3.0 版《指南》的报告组织数量年增长率在 22%~58%。截止到 2015 年 4 月 1 日，共有 7 375 家企业或组织参照 GRI 的报告框架发布了总计 18 418 份社会责任报告，并向 GRI 就《指南》在指导编写报告过程中存在的问题进行反馈。

2）企业社会责任信息披露的主要方式和标准

CSR 信息披露的方式多种多样，可以是零散的、通过企业网站或者其他方式如广告进行发布，也可以使用定期的企业公民报告、可持续发展报告、环境报告书或者独立的 CSR 报告作为载体。目前主要的是以独立的社会责任报告（或可持续发展报告、企业公民报告等）作为途径。

国际上比较有影响力的、能够对企业的 CSR 信息披露提供指导的有：英国社会和伦理责任研究院成立的 Accountability 制定的 AA1000 系列标准；2000 年，联合国总部正式启动的"全球契约"计划中提出的全球契约"十项原则"；2010 年 ISO 公布的 ISO26000《社会责任指南》及成立于 1997 年的 GRI 不断更新与完善的《指南》。

国内最早的关于社会责任信息披露的指南是由商务部于 2006 年发布的《中国公司责任报告编制大纲（征求意见稿）》；紧接着，深圳证券交易所、上海证券交易所、国资委、中国社会科学院及部分行业协会等都发布了旨在规范 CSR 报告内容与格式的指南或指引。

目前，中国企业参考的关于如何编写社会责任报告的标准超过 20 种，而应用最为广泛的是 GRI 发布的《指南》。

3）企业社会责任信息披露的现状

关于 CSR 信息披露现状的研究主要关注两方面的问题：一是发布 CSR 报告的数量；二是 CSR 报告的质量。本章从这两个方面出发，对中国的 CSR 信息披露现状进行描述。

（1）数量方面。MQI 对中国企业发布的 CSR 报告数量进行了详细的统计，本章将该数据库中 2007~2014 年的相关数据整理如表 5-1 所示。

表 5-1　2007~2014 年各行业发布的 CSR 报告数量统计

行业	2007 年	2008 年	2009 年	2010 年	2011 年	2012 年	2013 年	2014 年
农林牧渔	2	2	12	13	16	22	28	31
煤炭开采	0	1	18	19	23	38	47	52
石油和天然气	11	11	14	14	9	21	17	18
电力	9	10	39	47	53	134	97	95
建筑	1	4	22	24	27	67	64	79
运输、仓储和邮政	6	8	39	47	53	74	77	80
批发和零售	1	4	10	11	13	19	19	21
住宿和餐饮	2	2	3	2	4	5	5	17
金融	8	20	53	89	175	206	220	172
房地产	7	5	33	34	51	118	69	78
纺织服装皮革	1	4	23	19	46	51	54	36
冶炼	5	12	50	52	57	68	70	69
水务	1	1	1	1	2	8	9	10
燃气	0	0	0	0	0	5	3	6
文化教育	3	0	2	2	4	3	9	9
化工	3	6	34	44	50	70	81	87
食品饮料	8	7	14	20	22	42	59	72
其他制造业	20	32	111	130	161	198	233	246
造纸印刷	1	2	8	9	9	11	17	15
电信	2	2	8	15	18	27	16	17
信息科技	4	7	32	36	43	50	53	57
综合	2	7	19	27	30	62	64	87
其他采矿业	0	1	2	3	5	18	16	16
医药制造业	3	5	30	34	52	66	77	81

续表

行业	2007 年	2008 年	2009 年	2010 年	2011 年	2012 年	2013 年	2014 年
电子制造业	1	3	30	31	50	64	102	103
旅游娱乐	0	0	2	2	5	7	8	10
人力资源	0	0	1	1	2	2	1	0
汽车制造业	1	1	10	14	16	30	38	38
环保	0	0	3	4	9	15	17	16
非企业	0	2	5	7	12	207	169	408
法律与管理咨询服务	0	0	3	0	1	6	7	6
总计	102	159	631	751	1 018	1 714	1 746	2 032

资料来源：MQI

由表 5-1 可知，尽管存在部分行业、部分企业不连续发布报告的现象，多数行业的 CSR 报告发布数量均呈现出明显的增长态势。

（2）质量方面。黎友焕和刘延平（2011）指出，国内企业的 CSR 报告主要存在七个方面的问题：第一，企业发布 CSR 报告的自愿性差。第二，社会责任范围界定不一致。第三，报告的编制没有统一的标准。第四，报告编制中印象管理现象突出。第五，报告披露内容过于行业化，未能迎合公众的需求。第六，多数报告缺乏独立的第三方审验，客观性和可靠性没有保障。第七，多数报告的披露未能与利益相关者进行有效沟通，在一定程度上降低了报告传播的广泛性及有用性。

钟宏武等（2012）则总结出了中国企业在 CSR 报告方面的五个阶段性特征：第一，中国企业 CSR 报告平均得分由 2010 年的 29.8 分上升为 31.7 分，整体由一星级（起步阶段）进入二星级（发展阶段），但仍有 57.3% 的企业得分低于 30 分，处于起步阶段。第二，特种设备制造业、通信服务业、电力供应业企业 CSR 报告综合得分较高，处于三星半级水平，其他行业均处于二星级或一星级水平。第三，中央企业的 CSR 报告质量最高，国有企业的 CSR 报告水平领先于外资企业和民营企业。第四，亚洲其他国家或地区、中国台湾、中国香港地区发布的报告在境外企业中得分较高。第五，中国企业的 CSR 报告"六性"[1]平均得分都在 40 分以下，表现不佳，可读性相对较好，可比性相对最差，仍然存在定量数据披露不足的问题。

匡海波等（2015）通过构建完善的 CSR 报告质量评价体系，对交通运输行业中 42 家上市公司发布的 2015 年度 CSR 报告进行了系统的评价。结果显示，42 家

---

[1]这里的"六性"包括完整性、实质性、平衡性、可比性、可读性和创新性。

上市公司发布的 CSR 报告得分均值仅为 43.21 分。其中，仅有 10 家企业的报告得分在 60 分以上，及格率约为 23.8%。同时，得分悬殊，最高的中国远洋和最低的中海海盛相差 70 多分，体现出同行业不同企业表现的参差不齐。值得注意的是，总体上，CSR 报告的质量是有所提高的。

总而言之，中国企业的 CSR 信息披露现状可总结为"意识上正在觉醒、数量上已经繁荣、质量上有待提高"。

5.1.2　企业社会责任信息披露的收益与成本

信息经济学理论认为，信息与任何其他物品一样，只有信息产生的效益大于信息的成本，信息的生产才具备经济上的合理性。上市公司对外公开披露的信息也是如此，其自愿性信息披露行为会受到对信息披露收益与成本预期的影响，只有披露信息所带来的收益高于信息披露的成本时，上市公司才会进行自愿性信息披露。

1. 企业社会责任信息披露可能产生的收益

（1）资本获得方面。多位学者通过研究发现，CSR 信息披露行为能够为企业带来融资方面的优势和便利。Myers 和 Majluf（1984）指出，如果公司任由管理者与投资者之间的信息不对称现象的存在，会因此而承担较高的融资成本。因此，公司管理层有动机通过信息披露来提高投资者的信息水平。这里的信息包括 CSR 信息。Richardson（2001）对加拿大 324 家公司的实证研究发现，披露 CSR 信息能够有效降低信息不对称的程度，从而降低预测风险和流动性风险，降低权益资本成本。Dhaliwal 等（2011）也指出，企业在披露了 CSR 信息之后，资本成本显著下降。Goss 和 Roberts（2011）的研究则表明，披露 CSR 信息的公司能够以较低的利率获得银行贷款，并且贷款期限更长。孟晓俊等（2010）也指出，企业有较强的动机将资本成本维持在较低水平，而当资本成本较高时，会导致企业产生较强的动机去披露 CSR 信息。

（2）市场方面。近些年来，人们对 CSR 的关注越来越高，对企业的 CSR 实践也产生了越来越高的期待，并更多地根据感知的企业的社会责任表现决定对待企业及其产品的态度。虽然企业披露的 CSR 信息通常并不等于企业的实际社会责任水平，但是企业的外部利益相关者还是会通过企业披露的 CSR 信息进行相应的判断。周祖城和张漪杰（2007）的研究表明，即使企业披露的 CSR 信息没有体现公司产品的质量和价格，但还是会影响到消费者对公司形象好坏的感知及对公司产品的购买意愿。消费者甚至愿意选择那些 CSR 绩效较高公司的更高价格的产品。Fombrun 和 Shanley（1990）则发现，良好的 CSR 实践能够提升公司声誉，并对公司的长期业绩和价值带来积极影响。董伊人（2010）也认为，将企业具有优秀的 CSR 绩效的信息传递给外部利益相关者有利于提升公司的市场价值，进而有利于企业的持续发展。张正勇等（2012）的研究结果也表明，上市公司提高 CSR 信息披露水平确实能够获得消费者认同和竞争优势。策略性的 CSR 信息披露确实可以起到良好的广告作用。

规避可能出现的风险也是 CSR 信息披露为企业带来的收益之一。随着 CSR 信息越来越受到市场的关注，对 CSR 信息的管理就越来越有必要。信息的不对称、公众日益增长的社会不安全感、盲目跟风的社会从众心理及日益凸显的社会公信力危机使谣言滋生。谣言可能是有利于企业的，然而谣言是难以控制的，尤其是在如今互联网技术高度发达的局面下，谣言会有很大的概率对企业产生负面影响，有时甚至会造成巨大的损失。通过规范、定期或不定期的 CSR 信息披露，满足公众对相关信息的需求，可以在很大程度上消减谣言的出现，避免将企业置于受谣言伤害的风险中。需要注意的是，本章将避免出现损失当作信息披露取得的收益。

综合来看，无论从资本市场、组织合法性、社会契约还是其他方面进行分析，进行 CSR 信息披露的最终作用都是在一定程度上减少企业与外部利益相关者之间的信息不对称，从而为企业带来竞争优势。

2. 企业社会责任信息披露可能产生的成本

既然企业进行 CSR 信息披露会产生上述收益，那么所有的企业都应该积极行动，然而实际上并非所有的企业都对披露 CSR 信息抱有积极的态度。通过对 2015 年交通运输行业 42 家上市公司发布的 CSR 报告的分析发现，绝大多数企业的 CSR 信息披露水平都处于较低的水平。这一方面是因为相关的披露需求无力，而更主要的还是因为企业对成本的顾忌。

Lang 和 Lundholm（1996）的研究发现，CSR 信息披露的成本会制约企业的信息披露，并进一步指出，规模较大的公司倾向于披露较多的社会责任信息，其部分原因是因为规模经济效应使大公司的信息生产成本相对较低。裴丽娅和徐植（2006）研究发现，成本过高是导致我国企业的 CSR 信息披露水平普遍偏低的一个重要原因，信息披露的成本甚至高于信息披露可能带来的收益，极大地挫伤了企业进行信息披露的积极性。

胡超（2010）在对企业财务信息的披露进行研究后指出，只有当企业的管理者预期信息披露能够产生的收益高于需要付出的成本时，企业才会愿意进行信息的披露。研究中，他将信息披露的成本分为直接成本和间接成本两大类。其中，直接成本包括审计成本，收集、处理和传播信息而发生的成本，财务信息系统设计成本。间接成本指的是不需要上市公司直接支付的成本，表现为信息披露对上市公司的不利影响难以精确估计，包括诉讼成本、竞争劣势成本、披露信息缺乏可理解性所产生的成本。CSR 信息披露产生的成本与之类似。

此外，企业对进行相关信息的披露十分谨慎甚至拒绝，其原因之一是担心披露的信息会泄露公司的秘密，暴露出公司的弱点或者独特的竞争理念等，从而为竞争者所利用，使自身处于不利的竞争态势下。需要指出的是，企业进行 CSR 信息披露可能产生的收益和成本是难以预先精确计量的，因此管理者在决定是否要披露相关信息时，多是基于对收益和成本的预期。例如，不同的管理者对泄密带来的风险的预期是不同的，因此而产生的对 CSR 信息披露的态度也就有所差异。对于一个理性的企业来说，预期收益大于预期成本是进行 CSR 信息披露的必要条件。

5.1.3　企业社会责任信息披露的产生基础

人类在对客观世界进行研究时，常用的方法有实验法和模型法。实验法就是对客观事物本身进行科学实验以获得相关结论，而社会经济系统中的多数问题难以进行直接实验或者实验需要付出极大的代价。因此实验法不太适用于对社会经济问题进行研究。建立在对现实系统进行抽象、简化基础上的模型，可以根据不同的研究目的进行试验、优化，节省大量的人力、财力、物力和时间，有效避免实验法的不足。模型并非对现实系统的完全复制，而是通过一定的形式对现实系统的描述、模仿或抽象。模型的建立完全取决于研究目的，只需要包含反映系统本质或特征的主要因素并体现这些主要因素间的关系即可，而不需要全面地反映现实系统的所有属性。

现有研究中常用的模型主要有四类，即实体模型、概念模型、模拟模型和数学模型。其中，实体模型是按照现实系统进行放大或缩小的替代物，如房地产销售商在展销会上使用的房屋模型等。概念模型，也称思维模型或图示模型，是指基于人们的直观判断、经验和想象，用图形、曲线、表格、符号等对现实系统的抽象和描述。模拟模型，指的是用来模拟系统行为特性的模拟物或计算机软件。数学模型，是指用数学语言来进行描述的模型，是现在应用较为广泛的模型。

建立模型是对系统问题进行研究的前提，一个简明、适用的模型能够为研究得出有效的结论提供可靠的支撑。本节首先为 CSR 信息披露建立概念模型，5.2 节将在概念模型的基础上，构建 CSR 信息披露的量化模型，即系统流图。本章在模型建立的过程中，是站在企业的角度来进行问题的思考、推理和说明的，即企业是CSR 信息传播的主导方，CSR 信息由企业传递给利益相关者。这种传递的产生是企业的 CSR 信息披露期望和外部利益相关者的 CSR 信息披露期望之间的均衡。

由 5.1.1 和 5.1.2 两小节的分析可知，CSR 信息披露行为的产生需要满足三个前提：一是企业具有对外部利益相关者的信息优势；二是存在对 CSR 信息披露的需求；三是信息披露的预期收益大于成本。

第一，信息的不对称是产生信息流动的首要前提。如果所有人对信息的掌握都是完全相同的，就不会出现人与人之间信息的流动。实际上，要完全地消除信息不对称现象是不可能的，也就是说，信息不对称总是存在于不同的关系之间。企业是 CSR 信息的优势方，掌握着相对较多的 CSR 信息。而外部利益相关者在 CSR 信息的保有量上要低于企业。这就形成了企业进行 CSR 信息披露的首要前提，即在企业与外部利益相关者之间存在着关于 CSR 信息的不对称。

第二，存在对 CSR 信息披露的需求。仅仅存在信息的不对称还不足以引发企业的 CSR 信息披露行为。相反的，企业更倾向于在某种程度上维持着对外界的信息优势，缺乏提供信息的动力。我国学者张国生（2004）甚至认为，信息披露相当于权力的让渡，理性的行政当局为了自身的利益不情愿多披露信息。因此，CSR 信息披露行为的产生必须要有动力的作用。动力指的是来自于不同方面的对 CSR 信息披露的需求，既可以是企业自身的需求，也有可能是外部利益相关者的需求。当企业发现主动披露某些信息能够给企业带来益处时，企业就会产生披露信息的动力。如前文所述，当企业的外部利益相关者对企业披露 CSR 信息提出要求后，也就对企业进行信息披露产生了推动。而这些动力或者推动最终能否促使企业采取披露行为则要取决于企业对 CSR 信息披露行为可能带来的收益和成本的判断。

第三，信息披露的预期收益大于成本。只有当管理者预期披露行为可能产生的收益大于成本时，才可能会进行相关的披露。反之，管理者不会愿意采取相关的行动。企业管理者对某行为可能会产生的收益和成本（包括长期和短期的收益-成本）的判断可能并不符合现实或者说并不正确。但是，决定管理者决策的往往并非是"未知的、客观的正确"，而是其感知的"正确"。这里假设企业及其管理者是理性的。

5.1.4　概念模型的构建

信息的披露是信息传播过程中非常关键的一环，描述的是信息从一方到另一方的单向传播问题。而要对企业的整个信息披露行为有较为全面的了解，就不得不将其置于整个信息传播过程中来考虑。美国学者 Lasswell（1948）在其著作《传播在社会中的结构与功能》中提出的"5W"传播模式是迄今为止最具有典型性的模式，仍然被广泛地应用于各个领域的研究工作中。该模式（图 5-1）认为，信息传播的过程包括 5 个基本要素，即传播者、传播内容、传播渠道、受众和传播效果。"5W"没有体现出信息传播的互动性，德国学者 Maletzke 在其 1963 年的著作《大众传播心理学》中对此进行补充，提出了著名的 Maletzke 传播模式（图 5-2）。他在该模式中应用了"场论"的研究思想，强调信息传播的过程要受到环境因素的影响。

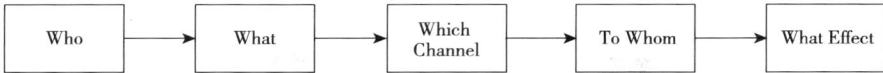

图 5-1　Lasswell 的 "5W" 传播模式

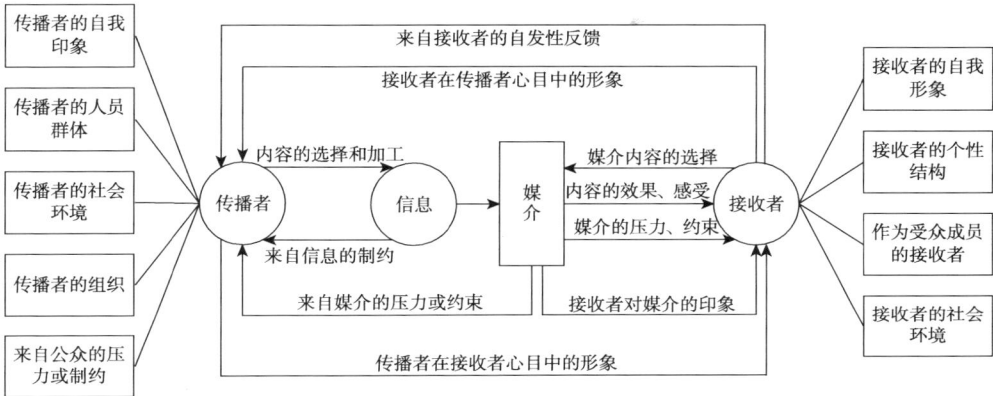

图 5-2　Maletzke 传播模式

本章借鉴了 "5W" 和 Maletzke 传播模式，将 CSR 信息披露涉及的要素概括为四个方面，即企业内部的信息管理者、外部利益相关者、信息传播渠道和企业内外部环境。

1. 企业内部的信息管理者

信息传播是人类的基本社会功能，是人与人之间关系的科学，归根结底反映的还是人与人之间的交流。企业中可能存在专门的人员或部门进行 CSR 信息的收集、处理、储存、传播等，如中国远洋的体系管理办公室、中国国家电网的社会责任办公室等。实际上，在企业的信息管理部门中，不同的人可能会有不同的角色，分别进行信息的收集、处理、储存和传播工作。然而，企业内部的信息传播并非本章的考察重点，所以研究中不做深入的区分，只是简单地将企业内部的信息管理者当作企业内 CSR 信息的收集、处理、储存、传播等工作的执行人。信息管理者占据着信息传播过程的核心地位，对信息进行选择，确定信息传播的内容、渠道和方法，在多数情况下都拥有较大的决定权，但有时也受到来自其他方面的制约。在不同的公司，其信息管理者可能是专门的人员，也可能仅仅是 "兼职" 人员。

2. 外部利益相关者

在整个 CSR 信息披露系统中，外部利益相关者是 CSR 信息披露的目标方或称为受众，当然，外部利益相关者也可能是相关信息需求的发起方。外部利益相关者涵盖十分广泛，随着企业经营范围的变更，外部利益相关者的数量或者种类也会有所变化。并非所有外部利益相关者都会关注某一 CSR 信息，不同的外部利益相关者对企业的影响力大小也存在着差异。例如，某些公益性组织十分关注生物多样性问题，要求企业就该问题进行信息的披露，而实际生活中，却很少有人对该问题表现出关心。在对企业的影响力方面，一般情况下，来自政府的影响力要高于其他的利益相关者。对企业的 CSR 信息披露决策有重要影响的不是最不关注、影响力最小的利益相关方，而是最关注、影响力最大的一方，任何一方的需求都表现为外部利益相关者的需求。本章只考察外部利益相关者需求的影响作用，而不对不同外部利益相关者的作用力的大小进行对比，因此，不具体区分外部利益相关者的作用。当然在实际中，不同外部利益相关者的需求，往往会在不同程度上影响企业对收益和预期成本的预期。

3. 信息传播渠道

信息传播渠道，指的是企业和外部利益相关者采用的沟通信息的各种通道，是企业向外部利益相关者传递 CSR 信息的通道，也是外部利益相关者向企业表达需求、反馈接收和吸收情况的通道，是企业与外部利益相关者之间信息交流的纽带。通常情况下，企业常用的 CSR 信息披露渠道主要有公司官网、第三方机构网站、独立的报告或说明会、媒体等。随着现代信息技术的飞速发展，企业采用的信息传播渠道日益多样化，原有的信息传播方式发生了极大改变，信息传播的效率也得到极大的提升。企业可以更快速地将相关信息公之于众，并能够使绝大多数人都能够接收到相关信息。公众则可以通过适当的渠道获得自己关注事件的信息，并可以更便捷、更有效地将自己的需求信息传递给企业。信息技术革命带来了信息传播思维、方式、效率的变革。

4. 企业内外部环境

企业和外部利益相关者是处于一定的环境之中的，因此，二者之间的信息传播活动必然要受到所处内外部环境的影响。内部环境因素主要包括企业文化、企业的制度和规范及企业内部的治理结构等。而外部环境因素则主要有制度背景、社会和经济发展状况、市场价值导向、宗教信仰、舆论导向及技术变革等。

知识传播的过程最终是人对人的过程，并且是交互式和动态的。以此类推，CSR 信息的披露也是如此，最终是人对人的过程。基于上述分析，本章提出如图 5-3 所示的 CSR 信息披露概念模型。

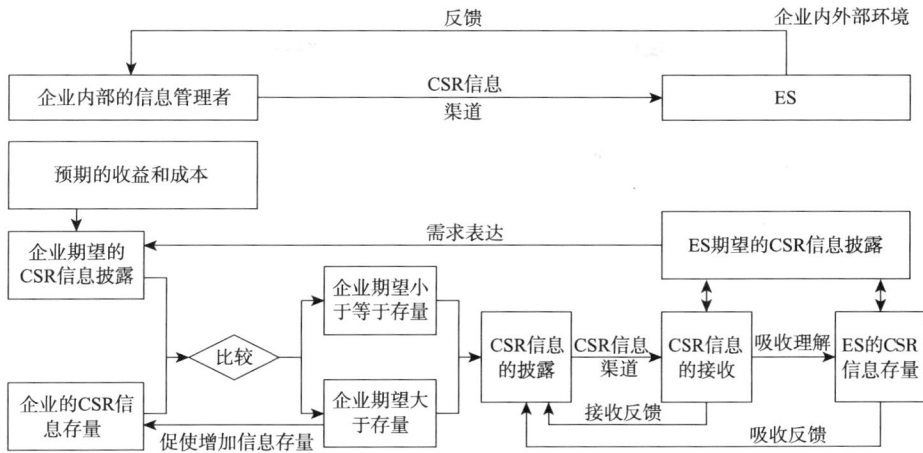

图 5-3　CSR 信息披露概念模型

ES 表示外部利益相关者

从图 5-3 可以看到，简单来说，CSR 信息披露的过程就是企业内部的信息管理者通过一定的渠道将 CSR 信息传递给外部利益相关者的过程。外部利益相关者再通过一定的行为将企业的披露行为产生的效果展示给企业，或者将自身对 CSR 信息的需求传递给企业。企业再根据接收到的反馈决策下一步的披露选择。整个披露过程都要受到企业内外部环境因素的影响。

首先，企业期望的 CSR 信息披露水平的大小受到其对相关行为可能会产生的收益和成本的预期的影响。CSR 信息的收集、储存、披露都会产生一定的成本，外部利益相关者在吸收了相关的 CSR 信息后，也能通过一定的行为给企业带来收益或者产生成本。只有当预期收益大于预期成本时，企业才会期望披露一定的 CSR 信息，相反，则不会产生或增加相关的期望。受到企业所拥有的 CSR 信息存量的影响，企业期望的 CSR 信息披露并不总是能够实现。而当企业的信息存量不足以满足企业的披露期望时，就会产生相应的动力去采取一定的措施增加企业的信息存量，以能够满足企业的信息披露要求。只要企业具有足够的能力去获得企业期望披露但尚不拥有的信息，那么 CSR 信息披露水平就会达到企业期望的水平。

其次，企业通过一定的渠道将所披露的 CSR 信息传递给外部利益相关者，之后，获取到外部利益相关者的信息接收和吸收情况，并根据这些反馈信息做出是否改进其披露策略的决定。外部利益相关者在接收到相关信息后会进行筛选，选择留下自己感兴趣的，屏蔽掉认为不重要的。接着，外部利益相关者对接收到的信息进行理解、吸收。根据信息的接收和吸收的反馈情况，企业可以选择对披露的内容、形式进行调整，以有利于外部利益相关者的接收、理解，从而提高所披露信息的契合性。如果企业所披露的信息不能为外部利益相关者所接收和理解，那么该信息的有用性就是不高的，从而价值性较低。

最后，企业的 CSR 信息披露行为并不总是自发、主动的，在一些情况下，外部利益相关者的 CSR 信息需求高于企业期望的水平。但外部利益相关者的需求能否得到满足，要在企业进行过收益-成本分析后才能确定。外部利益相关者可以通过不同的措施影响企业的收益-成本判断，从而促使企业的 CSR 信息披露决策有益于自己。举例来说，消费者要求某食品企业公布其食品配料，但消费者并不声明、也没有迹象表明，如果企业不披露就拒绝消费其产品，则企业不太可能会进行相关的披露。但当消费者声明或者迹象已经十分明显时，如果企业再不进行相关信息的公布，产品就会无人问津，那么企业一定会进行相关的信息披露。在第二种情况下，消费者通过自己的声明及行为创造了企业的收益——避免遭遇抵制。当然，如果企业的披露同样会给企业带来损失，甚至损失程度高于消费者的抵制给企业带来的损失，那么，企业同样不会进行信息的披露。

5.2　企业社会责任信息披露的量化模型构建

前文构建了 CSR 信息披露的概念模型，在此基础上引入系统动力学，构建量化模型。系统动力学是一门分析研究信息反馈系统的科学，也是一门认识系统问题和解决系统交叉的综合性新学科。它是系统科学和管理科学中的一个分支，也是一门沟通自然科学和社会科学的横向学科，是一种以计算机模拟技术为主要手段，通过结构-功能分析，研究和解决复杂动态反馈性系统问题的仿真方法，以因果反馈关系描述系统的动态复杂性并据此建立量化模型。

5.2.1　应用系统动力学的可行性分析

系统动力学以信息反馈系统作为研究对象，其发明、发展和应用始终是和系统科学紧密相连的。因此，要认识、研究和应用系统动力学，首先要了解系统、系统的类型和特征。一般系统论创始人 Bertalanffy 把系统定义为相互联系的不同元素组成的集合。《韦伯大辞典》则将系统解释为：有组织的或是组织化了的总体；是由结构组成的总体的各种概念、原理；是由有原则的相互作用或相互依赖的对象组成的集合。

对以上的概念进行分析，可以看出系统主要具有以下四个方面的特征。

（1）集合性，是指系统是由许多元素（元件、零件、单机）按照一定方式组合起来的。

（2）关联性，是指系统的各个组成部分之间是互相联系、互相制约的，并且这种关联是有一定规律的。

（3）目的性，系统总是具有特定功能的，特别是人所创造或改造的系统，总有一定的目的性，各单元正是按这个目的组织起来的。

（4）环境适应性，任何系统总是存在并活动于一个特定的环境之中，与环境不断进行物质、能量、信息的交换。也就是说，任何系统都不可能是封闭、独立的，要达成稳定，就必须适应"环境"。

前文构建的 CSR 信息披露概念模型是符合系统的这四个特征的。

首先，CSR 信息披露概念模型所涉及的各要素，如预期的收益和成本、企业期望的 CSR 信息披露以及企业的 CSR 信息存量等，都是从已有研究成果及相关理论中凝练、提取出来并按照一定的路径联合起来的，具备"集合性"的特征。

其次，CSR 信息概念模型并非各种要素的简单堆砌，它还展示了各要素之间的相互作用关系，具有"关联性"的特征。例如，从图 5-3 中我们可以看到预期的收益和成本会对企业期望的 CSR 信息披露产生影响。当"比较"结果显示企业期望的 CSR 信息披露大于企业的 CSR 信息存量时，会促使企业采取措施增加 CSR 信息的存量。

再次，就"目的性"而言，企业进行 CSR 信息的披露就是为了以尽可能小的成本，最大限度地满足外部利益相关者的信息需求或者达到自身追求收益的目的。

最后，CSR 信息披露乃至传播是在一定的企业内外部环境下进行的，存在着与环境的物质、能量、信息的交换，以实现动态的平衡，是具备"环境适应性"的。概念模型中每一条线所代表的过程都要受到企业内外部环境的影响，不能超出环境的限制。

此外，模型中存在反馈回路，如接收反馈和吸收反馈，因此，可以说 CSR 信息披露系统模型是一个反馈系统模型，从而应用系统动力学对 CSR 信息披露系统进行研究是具有可行性的。

5.2.2　动力学系统因果关系图

因果关系图，是一种定性描述系统中变量之间因果关系的图示模型，即用图的形式描述系统变量之间相互影响和相互作用的关系，是系统动力学模型的基础。具体来说，如果事件 A（原因）引起事件 B（结果），AB 之间便形成因果关系。若 A 增加引起 B 增加，称 AB 构成正因果关系；若 A 增加引起 B 减少，则 AB 构成负因果关系。两个以上因果关系链首尾相连构成因果回路，它分为正因果回路和负因果回路。当回路中某个要素变化，通过回路的作用使这种变化加强时，称其为正因果回路；反之，当回路中某个要素变化，通过回路的作用使这种变化减弱时，则称其为负因果回路。由若干正、负因果回路构成的关系图称为因果关系图。

由前文构建的概念模型可知，CSR 信息披露系统中共包含四个变化过程，分别是企业期望的 CSR 信息披露变化过程、企业 CSR 信息存量的变化过程、企业的 CSR 信息披露过程、外部利益相关者的 CSR 信息存量的变化过程。据此，本章分别用企业期望的 CSR 信息披露子系统、企业的 CSR 信息存量子系统、CSR 信息披露子系统以及外部利益相关者的 CSR 信息存量子系统表示这四个变化过程。最后，将这四个子系统组合到一起，即可得到完整的 CSR 信息披露系统的因果关系图。

1. 企业期望的 CSR 信息披露子系统

企业是进行 CSR 信息披露的决定方，但当外部利益相关者的 CSR 信息期望水平高于企业期望的 CSR 信息披露水平时，企业的信息披露决策就要受到来自外部利益相关者的影响，二者之间的差额会促使企业增加其期望水平。例如，"三鹿奶粉事件"发生后，外部利益相关者的信息需求就远远高于公司一贯的信息披露水平。企业只得不断地根据外界的要求，调整自己的信息披露决策。这里假设：企业采取与外部利益相关者的期望相一致的行为可能花费的成本小于可能获得的收益，即会获得正向的收益。据此，可得到企业期望的 CSR 信息披露子系统因果关系图，如图 5-4 所示。

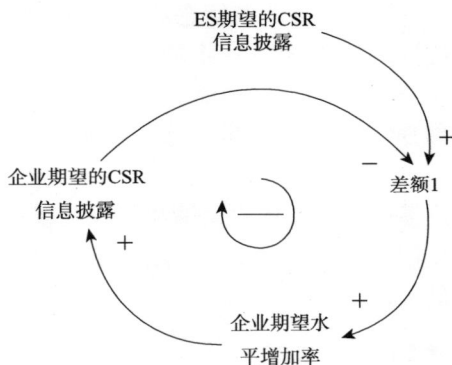

图 5-4　企业期望的 CSR 信息披露子系统

ES 表示外部利益相关者

由图 5-4 可知，企业期望的 CSR 信息披露子系统包含一个负反馈环，即企业期望的 CSR 信息披露—差额 1—企业期望水平增加率—企业期望的 CSR 信息披露。该子系统并非总是存在，外部利益相关者期望的 CSR 信息披露水平高于企业期望的 CSR 信息披露水平，即差额 1 大于 0 是该系统存在的前提条件。图 5-4 中，

"ES 期望的 CSR 信息披露"指的是外部利益相关者期望获得的 CSR 信息水平，表示的是外部利益相关者的 CSR 信息需求，其值的大小由外部利益相关者的 CSR 意识水平的高低决定。"企业期望的 CSR 信息披露"指的是经过理性分析后，认为对自己有益的 CSR 信息披露水平。"企业期望水平增加率"指的是单位时间里企业期望的 CSR 信息披露水平增加的量。"差额 1"表示的是外部利益相关者期望的 CSR 信息披露水平高于企业期望水平的部分。

2. 企业的 CSR 信息存量子系统

在实际生活中，常常出现企业所拥有的 CSR 信息不足以支撑其信息披露期望的情况。例如，在马航事件发生的时候，面对着外界巨大的信息需求压力，航空公司和政府部门也希望进行披露，但在一段时间内都无力给予任何满足，其原因就是企业拥有的信息不足以满足其披露的要求。当企业的 CSR 信息存量小于企业期望的 CSR 信息披露水平时，企业会采取行动来增加所掌握的关于 CSR 的信息。CSR 是一个开放的系统，随着社会的发展以及内外部环境的改变，其所包含的内容是不断变化的。企业及外部利益相关者对 CSR 的理解和期待也会随之改变，从而期望获得并理解的信息也随之而有所不同。因此，常常会出现企业期望的 CSR 信息披露水平高于企业现有的 CSR 信息存量的情况。为对这一过程进行描述，本章构建了如图 5-5 所示的企业的 CSR 信息存量子系统因果关系图。

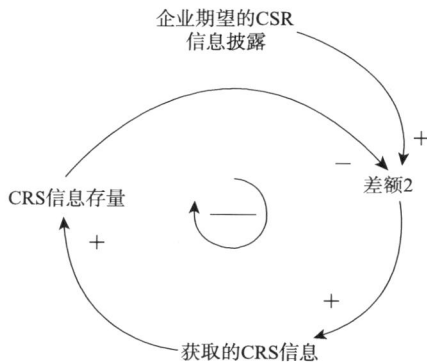

图 5-5　企业的 CSR 信息存量子系统

图 5-5 与图 5-4 在结构上十分相似，但二者描述的是不同的变化过程。图 5-4 描述的是企业期望的变化过程，而图 5-5 描述的是企业拥有的 CSR 信息存量的变化过程。由图 5-5 可知，企业的 CSR 信息存量子系统因果关系图包含一个负反馈环，即 CSR 信息存量—差额 2—获取的 CSR 信息—CSR 信息存量。当企业保有的 CSR 信息存量能够满足企业期望的 CSR 信息披露要求时，这个反馈环就不会起作

用。在这里，本章假设企业能够获取期望的信息，且具有完备的信息管理制度和手段，获取的信息会得到专业、良好的管理，不会出现信息遗失的现象。图 5-5 中，"CSR 信息存量"指的是企业掌握的信息量。"差额 2"表示的是企业期望的 CSR 信息披露水平高于 CSR 信息存量的部分。"获取的 CSR 信息"指的是企业新获得的 CSR 信息的量。

3. CSR 信息披露子系统

当企业期望的 CSR 信息披露水平高于企业实际的 CSR 信息披露水平时，企业会采取行动增加对 CSR 信息的披露。企业在进行 CSR 信息的披露时，要受到企业的 CSR 信息存量的限制，企业的信息披露量不能大于企业的 CSR 信息存量。当企业期望值的水平高于企业实际的 CSR 信息存量时，对于高于实际存量部分的信息，企业暂时是无法提供的。在这种情况下，反馈环图 5-5 就会产生作用。一段时间后，当企业拥有的信息能够满足披露的要求时，企业就会进行披露，即反馈环图 5-6 开始运作。据此，本章通过构建如图 5-6 所示的 CSR 信息披露子系统因果关系图对这一过程进行描述。

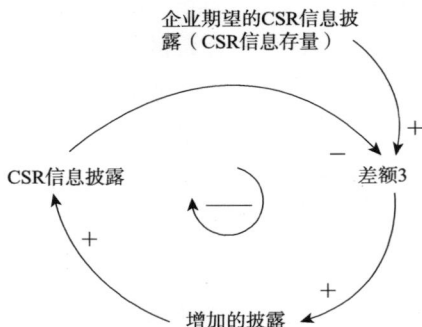

图 5-6　CSR 信息披露子系统

由图 5-6 可知，CSR 信息披露子系统包含一个负反馈环，即 CSR 信息披露—差额 3—增加的披露—CSR 信息披露。其中，差额 3 还要受到企业期望的 CSR 信息披露或者 CSR 信息存量的影响。图 5-6 的因果关系图中包含企业期望的 CSR 信息披露与企业的 CSR 信息存量之间的比较过程，即"企业期望的 CSR 信息披露（CSR 信息存量）"。图 5-6 中，"CSR 信息披露"指的是企业累计披露的 CSR 信息量。"差额 3"指的是企业期望的 CSR 信息披露和 CSR 信息存量之间的最小值高于 CSR 信息披露的部分。"增加的披露"指的是在已有的 CSR 信息披露量的基础上，新增加的 CSR 信息披露量。

4. 外部利益相关者的 CSR 信息存量子系统

当 CSR 信息披露水平高于外部利益相关者的 CSR 信息存量时，企业会通过一定的方法使所披露的信息到达外部利益相关者处。这些信息中的一部分会被外部利益相关者接收并转化为其 CSR 信息的存量，其他的信息则会被遗失。遗失（遗忘）是指受个人兴趣、能力及所掌握的信息管理手段的影响，个人的信息存量不可避免地会发生遗失。本章考虑主观遗失（遗忘）和客观遗失（遗忘）两种情况。例如，在外界不了解企业的新产品时，企业会选择进行广告宣传，利益相关者在接收到广告时，可能会注意并吸收广告传递的信息（即转化为信息存量），也可能因不感兴趣或感知不重要而选择忽略或屏蔽，该部分信息则最终沉寂消失，不被消费者所接受。为描述这一过程，本章构建了外部利益相关者的 CSR 信息存量子系统因果关系图，如图 5-7 所示。

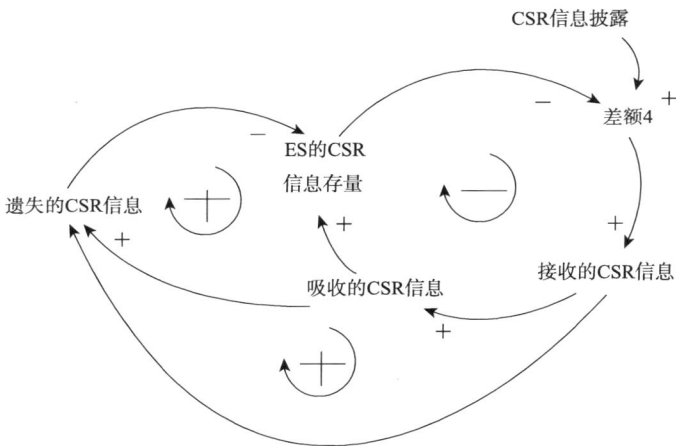

图 5-7　外部利益相关者的 CSR 信息存量子系统

ES 表示外部利益相关者

如图 5-7 所示的因果关系图中包含一个负反馈环和两个正反馈环。其中，负反馈环是 ES 的 CSR 信息存量—差额 4—接收的 CSR 信息—吸收的 CSR 信息—ES 的 CSR 信息存量。第一个正反馈环是 ES 的 CSR 信息存量—差额 4—接收的 CSR 信息—遗失的 CSR 信息—ES 的 CSR 信息存量。这表明，在外部利益相关者能够接收到的 CSR 信息中，并非所有的都是对外部利益相关者有用或者能够引起其兴趣的，部分信息会被选择不接收，即主观遗失。第二个正反馈环是，ES 的 CSR 信息存量—差额 4—接收的 CSR 信息—吸收的 CSR 信息—遗失的 CSR 信息—ES 的

CSR 信息存量。这表明，在接收的 CSR 信息中，受外部利益相关者学习能力的限制，部分信息不能为外部利益相关者所学习、理解，即客观遗失。本章中，信息的遗失存在于两个阶段中，即 CSR 信息的接收阶段和 CSR 信息的学习吸收阶段。图 5-7 中，"差额 4"表示的是企业披露的 CSR 信息量高于外部利益相关者掌握的 CSR 信息量的部分。"接收的 CSR 信息"表示的是到达外部利益相关者处的 CSR 信息量。"吸收的 CSR 信息"指的是外部利益相关者力图理解、吸收的 CSR 信息量。"遗失的 CSR 信息"表示的是受外部利益相关者兴趣爱好、关注点、学习能力、信息技术手段等的影响而屏蔽或者遗忘的信息。"ES 的 CSR 信息存量"指的是外部利益相关者吸收理解的 CSR 信息。

5. CSR 信息披露系统

由概念模型可知，CSR 信息披露系统是由上文中的图 5-4~图 5-7 的四个子系统按照一定的顺序组成的。据此，可得到如图 5-8 所示的 CSR 信息披露系统因果关系图。

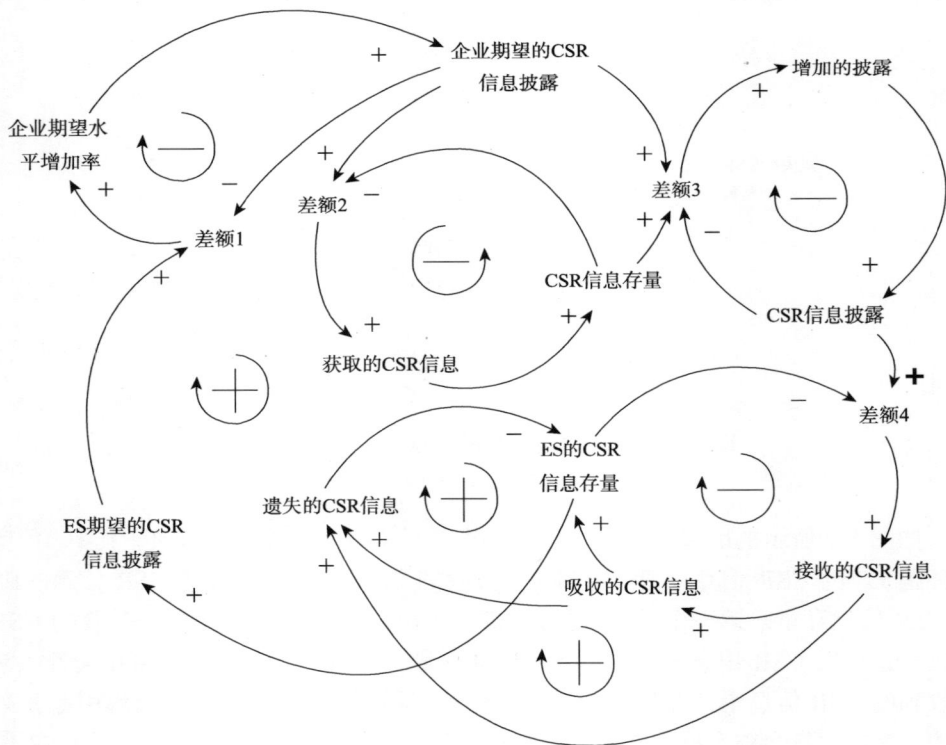

图 5-8　CSR 信息披露系统

ES 表示外部利益相关者

图 5-8 中包含三个正反馈环。第一个反馈环：当企业期望的 CSR 信息披露不大于 CSR 信息存量时，正反馈环是 ES 期望的 CSR 信息披露—差额 1—企业期望水平增加率—企业期望的 CSR 信息披露—差额 3—增加的披露—CSR 信息披露—差额 4—接收的 CSR 信息—吸收的 CSR 信息—ES 的 CSR 信息存量—ES 期望的 CSR 信息披露；当企业期望的 CSR 信息披露大于 CSR 信息存量时，正反馈环则是 ES 期望的 CSR 信息披露—差额 1—企业期望水平增加率—企业期望的 CSR 信息披露—差额 2—获取的 CSR 信息—CSR 信息存量—差额 3—增加的披露—CSR 信息披露—差额 4—接收的 CSR 信息—吸收的 CSR 信息—ES 的 CSR 信息存量—ES 期望的 CSR 信息披露。第二个和第三个反馈环即图 5-7 中描述的两个正反馈环。所包含的四个负反馈环即前文中所述的负反馈环，此处不再重复。需要指出的是，ES 期望的 CSR 信息披露并不总是大于企业期望的水平，即存在差额 1 不大于 0 的情况。

5.2.3　企业社会责任信息披露系统动力学流图的构建

为了对 CSR 信息披露系统的结构进行剖析，更清晰地对子系统及子系统中各个系数的影响作用进行分析，本章根据上文构建的因果关系图，采取由简单到复杂、逐步添加的方式，分五个部分构建系统流图，以进一步地对 CSR 信息披露系统进行模拟分析。这五个由简单到复杂的部分分别是简化状态下的 CSR 信息披露系统流图（模型 1）、考虑企业信息存量的 CSR 信息披露系统流图（模型 2）、考虑吸收效率的 CSR 信息披露系统流图（模型 3）、考虑接收效率的 CSR 信息披露系统流图（模型 4）及考虑外部利益相关者期望的 CSR 信息披露系统流图（模型 5）。

1. 简化状态下的 CSR 信息披露系统流图

最简单的状态指的是企业可以完全根据自己的期望进行 CSR 信息的披露，不受任何其他影响因素的影响，其系统流图如图 5-9 所示。

图 5-9 给出的是最简单状态下的 CSR 信息披露系统流图，它的结构是由 1 个状态变量（CSR 信息披露）、1 个速率变量（披露速率）、1 个辅助变量（差额 3）和 2 个常数变量（企业期望的 CSR 信息披露和披露系数）所构成的。其中，"披露速率"指的是企业在现有的技术手段或渠道、方法的作用下，单位时间里可以对外披露的信息的数量。"披露系数"表示的是企业掌握的信息披露能力的大小，指的是单位时间里能够披露的信息量占"差额 3"的百分比。信息技术的发展及越来越多的信息披露指南的建立，使企业的信息披露系数的值有增加的现实可能。

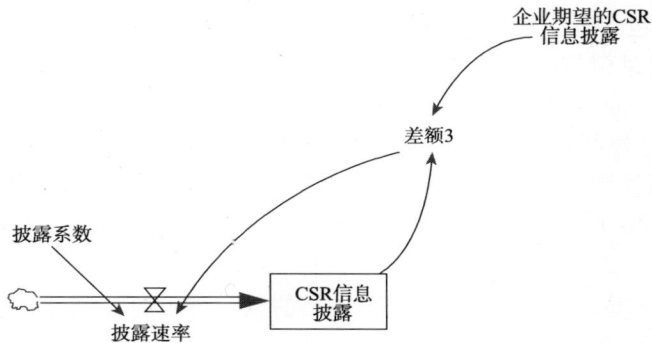

图 5-9　简化状态下的 CSR 信息披露系统流图

模型 1 中的基本方程如表 5-2 所示。

表 5-2　模型 1 中的基本方程

变量类型	因变量	方程
水平变量	CSR 信息披露	$=\int$披露速率$\times t$（初始值设为 0）
速率变量	披露速率	=IF THEN ELSE（差额 3>0，差额 3×披露系数，0）
辅助变量	差额 3	= IF THEN ELSE（企业期望的 CSR 信息披露－CSR 信息披露>0，企业期望的 CSR 信息披露－CSR 信息披露，0）
决策变量	企业期望的 CSR 信息披露	常数，设置为 100
决策变量	披露系数	常数，设置为 0.1

2. 考虑企业信息存量的 CSR 信息披露系统流图

模型 1 是建立在一定的假设前提之上的，即企业期望披露的 CSR 信息都是企业已经掌握的。而实际情况中，企业期望的 CSR 信息披露量与企业实际的 CSR 信息存量是存在着一定的差额的。当企业的 CSR 信息存量大于企业期望的 CSR 信息披露量时，企业仍然可以按照模型 1 的理想状态进行信息披露。但企业的 CSR 信息存量小于企业期望的 CSR 信息披露量时，模型 1 就无法进行有效的解释了。因此，本章对模型 1 进行改进，充分考虑企业的 CSR 信息存量，得到如图 5-10 所示的系统模型。

由图 5-10 可知，它由 2 个状态变量（CSR 信息存量和 CSR 信息披露）、2 个速率变量（获取速率和披露速率）、2 个辅助变量（差额 2 和差额 3）、3 个常数变量（企业期望的 CSR 信息披露、获取系数和披露系数）构成。在这里，本章简化处理了"CSR 信息存量"，假设企业期望获得的 CSR 信息都是可以获取的。新增的变量中，"获取速率"指的是单位时间里企业从信息源获取的期望的信息量占差

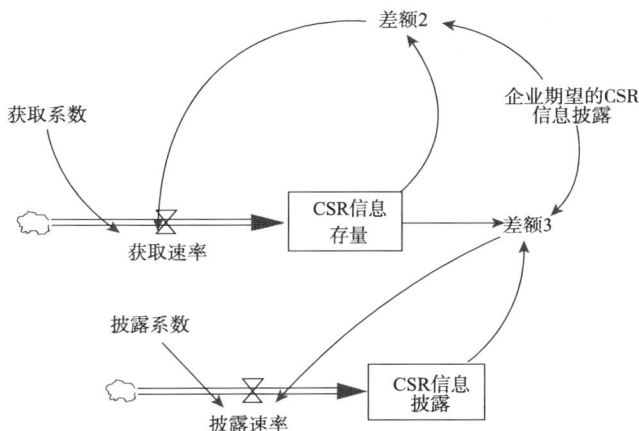

图 5-10　考虑企业信息存量的 CSR 信息披露系统流图

额 2 的百分比。"获取系数"表示的是企业获取信息能力的大小，它主要受到企业的信息管理制度、信息技术手段等的影响。与模型 1 相比，有所调整的是差额 3。当企业期望的 CSR 信息披露水平低于 CSR 信息存量值时，差额 3 的关系式与模型 1 相同。反之，差额 3 则表示 CSR 信息存量高于 CSR 信息披露的部分。

模型 2 中的基本方程如表 5-3 所示。

表 5-3　模型 2 中的基本方程

变量类型	因变量	方程
水平变量	CSR 信息披露	=∫披露速率 × t（初始值设为 0）
	CSR 信息存量	=∫获取速率 × t（初始值设为 50）
速率变量	披露速率	=IF THEN ELSE（差额 3>0，差额 3 × 披露系数，0）
	获取速率	=IF THEN ELSE（差额 2>0，差额 3 × 披露系数，0）
辅助变量	差额 2	=企业期望的 CSR 信息披露 − CSR 信息存量
	差额 3	=MIN（CSR 信息存量，企业期望的 CSR 信息披露）− CSR 信息披露
决策变量	企业期望的 CSR 信息披露	常数，设置为 100
	获取系数	常数，根据研究需要进行设置
	披露系数	常数，根据研究需要进行设置

3. 考虑吸收效率的 CSR 信息披露系统流图

通常情况下，企业的 CSR 信息披露并不等于外部利益相关者的信息吸收，也就是说，企业所披露的信息还存在着价值是否能得到发挥的问题。企业在进行 CSR 信息披露决策时，必须要考虑到利益相关者对信息的吸收问题，否则企业的信息披露行为是无法达到任何目的的，从而只是对资源的浪费。因此，在模型 2 的基础上，本章借鉴齐丽云等（2008）构建的知识传播模型对模型 2 进行调整，将外部利益相关者对信息的吸收纳入考虑之中。调整后的系统流图如图 5-11 所示。

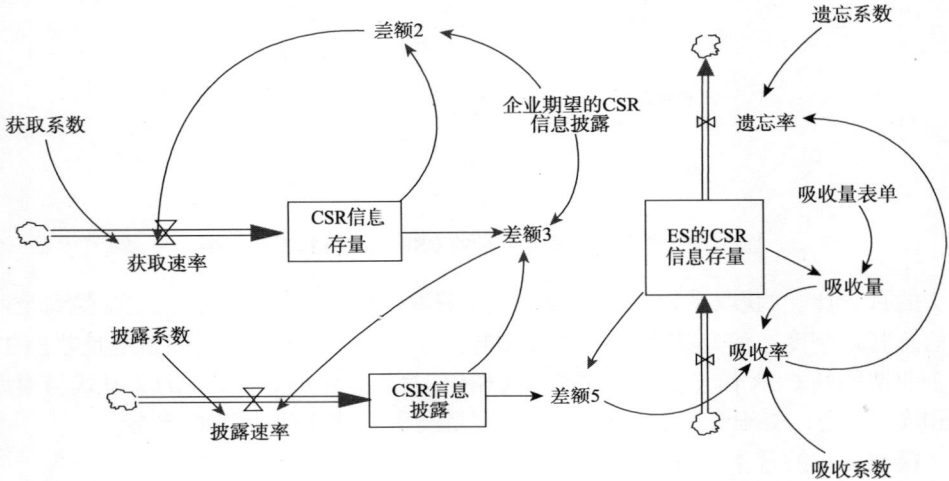

图 5-11　考虑吸收效率的 CSR 信息披露系统流图

3S 表示外部利益相关者

　　与模型 2 相比，模型 3 中新增的变量有：1 个状态变量（ES 的 CSR 信息存量）、2 个速率变量（吸收率和遗忘率）、2 个辅助变量（差额 5 和吸收量）、2 个常数变量（吸收系数和遗忘系数）及一个表函数（吸收绩效评价体系单）。其中，"吸收率"指的是单位时间里外部利益相关者吸收的 CSR 信息量。"吸收系数"指的是单位时间里外部利益相关者吸收的 CSR 信息量占差额 5 的百分比，该值的大小受到外部利益相关者的学习能力及企业对所披露信息的解释程度的影响。"遗忘率"指的是单位时间里外部利益相关者遗忘掉的信息量。"遗忘系数"指的是单位时间里外部利益相关者遗忘的 CSR 信息量占其吸收量的百分比。"差额 5"是 CSR 信息披露水平高于外部利益相关者的信息存量的部分。这里假设外部利益相关者会不断地复习已经吸收到的 CSR 信息，从而已有的"ES 的 CSR 信息存量"不会因时间的推移而减少。

　　吸收率的设定借鉴了学习曲线的概念。学习曲线又叫经验曲线或生产时间预测曲线，可以表示为 $T_n=T_1 \times nr$。其中，T_n 为第 n 单位产出所需时间，T_1 为第一单位产出所需时间，n 为累计生产量。外部利益相关者的信息吸收过程本质上就是一个学习过程。外部利益相关者最初接触到某领域的信息时，由于没有基础，所以能够理解和吸收的信息量会比较少。而当其从该领域吸收的信息量越来越多时，对信息更加熟悉，理解的速度也更快，从而单位时间可以吸收的信息量也会增多。当达到一定程度后，单位时间可吸收的信息量会趋于某一稳定数值。

模型 3 中的基本方程如表 5-4 所示。

表 5-4　模型 3 中的基本方程

变量类型	因变量	方程
水平变量	ES 的 CSR 信息存量	=∫（吸收率－遗忘率）×t（初始值设为 0）
	CSR 信息披露	=∫披露速率×t（初始值设为 0）
	CSR 信息存量	=∫获取速率×t（初始值设为 50）
速率变量	披露速率	=IF THEN ELSE（差额 3>0，差额 3×披露系数，0）
	获取速率	=IF THEN ELSE（差额 2>0，差额 3×披露系数，0）
	吸收率	=MIN（差额 5×吸收系数，接收量）
	遗忘率	=吸收率×遗忘系数
辅助变量	差额 2	=企业期望的 CSR 信息披露－CSR 信息存量
	差额 3	=MIN（CSR 信息存量，企业期望的 CSR 信息披露）－CSR 信息披露
	差额 5	=CSR 信息披露－ES 的 CSR 信息存量
	吸收量	=吸收量表单（ES 的 CSR 信息存量）
表函数	吸收量表单	=（0，10），（100，70），（200，106），（300，134），（400，156），（500，178），（600，192），（700，198），（800，200），（900，200），（1 000，200）
决策变量	企业期望的 CSR 信息披露	常数，设置为 100
	获取系数	常数，根据研究需要进行设置
	披露系数	常数，根据研究需要进行设置
	吸收系数	常数，根据研究需要进行设置
	遗忘系数	常数，根据研究需要进行设置

4. 考虑接收效率的 CSR 信息披露系统流图

模型 3 中，CSR 信息披露的量即外部利益相关者吸收的对象。然而，在实际中，并非企业披露的所有 CSR 信息都是外部利益相关者所感兴趣的或者说愿意花时间去理解、吸收的。在外部利益相关者决定吸收某类信息之前还存在着一个信息的接收和筛选的过程。将该过程加入模型 3 中，可得如图 5-12 所示流图。

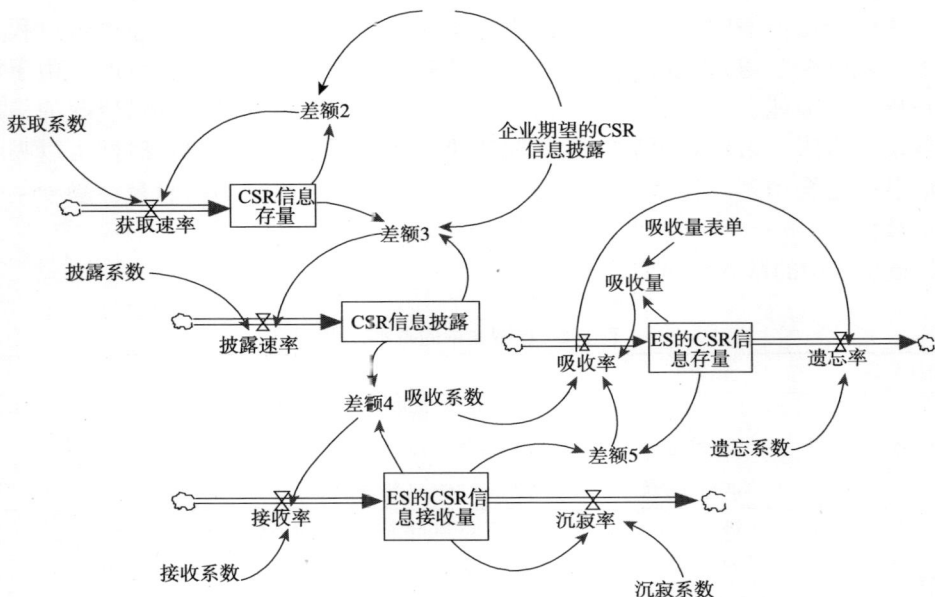

图 5-12　考虑签收效率的 CSR 信息披露系统流图

ES 表示外部利益相关者

　　与模型 3 相比，模型 4 中新增的变量有：1 个状态变量（ES 的 CSR 信息接收量）、2 个速率变量（接收率和沉寂率）、1 个辅助变量（差额 4）、2 个常数变量（接收系数和沉寂系数）。其中，"ES 的 CSR 信息接收量"指的是经过筛选后，外部利益相关者实际接收的 CSR 信息量，其值表示的是外部利益相关者愿意吸收、理解的信息量。"接收率"指的是单位时间内企业披露的 CSR 信息中到达外部利益相关者一端的信息量。"接收系数"即单位时间里达到外部利益相关者一端的信息量占差额 4 的百分比，值的大小受到外部利益相关者掌握的信息技术手段以及企业的信息披露策略的影响。"沉寂率"指的是单位时间里外部利益相关者对到达己方的信息选择不接收的百分比。借用主观遗忘和客观遗忘的思路，这里将沉寂分为主观沉寂和客观沉寂。主观沉寂是由于外部利益相关者对相关信息不感兴趣或者认为于己无用而选择不关注某信息。客观沉寂是指由于信息量过大来不及处理而造成的实际的不关注，即使这些信息中有外部利益相关者关注或者感兴趣的。降低主观沉寂可通过提高信息披露的针对性实现，降低客观沉寂则主要通过控制信息的量。"沉寂系数"大小取决于企业披露的 CSR 信息是否符合或者能激发起外部利益相关者的关注。此外，此模型中的"差额 5"也不同于流图 5-11，这里的"差额 5"表示的是外部利益相关者的 CSR 信息接收量高于外部利益相关者的 CSR 信息存量的部分。

模型 4 中的基本方程如表 5-5 所示。

表 5-5　模型 4 中的基本方程

变量类型	因变量	方程
水平变量	ES 的 CSR 信息存量	=∫（吸收率−遗忘率）×t（初始值设为 0）
	CSR 信息披露	=∫披露速率×t（初始值设为 0）
	ES 的 CSR 信息接收量	=∫（接收率−沉寂率）×t（初始值设为 0）
	CSR 信息存量	=∫获取速率×t（初始值设为 50）
速率变量	披露速率	=IF THEN ELSE（差额 3>0，差额 3×披露系数，0）
	获取速率	=IF THEN ELSE（差额 2>0，差额 3×披露系数，0）
	接收率	=差额 4×接收系数
	沉寂率	=沉寂系数×接收率
	吸收率	=MIN（差额 5×吸收系数，接收量）
	遗忘率	=吸收率×遗忘系数
辅助变量	差额 2	=企业期望的 CSR 信息披露−CSR 信息存量
	差额 3	=MIN（CSR 信息存量，企业期望的 CSR 信息披露）−CSR 信息披露
	差额 4	=CSR 信息披露−ES 的 CSR 信息接收量
	差额 5	=CSR 信息接收量−ES 的 CSR 信息存量
	吸收量	=吸收量表单（ES 的 CSR 信息存量）
表函数	吸收量表单	=（0，10），（100，70），（200，106），（300，134），（400，156），（500，178），（600，192），（700，198），（800，200），（900，200），（1000，200）
决策变量	企业期望的 CSR 信息披露	常数，设置为 100
	获取系数	常数，根据研究需要进行设置
	披露系数	常数，根据研究需要进行设置
	接收系数	常数，根据研究需要进行设置
	沉寂系数	常数，根据研究需要进行设置
	吸收系数	常数，根据研究需要进行设置
	遗忘系数	常数，根据研究需要进行设置

5. 考虑外部利益相关者期望的 CSR 信息披露系统流图

在一定时期内或许对于某些信息，外部利益相关者的需求并不明显甚至不存在，企业根据自己的意愿进行 CSR 信息的披露，如广告。然而随着环境的变化，外部利益相关者对 CSR 的关注越来越频繁、密集，进而产生了越来越多的关于 CSR 信息的需求，这些需求甚至超出了企业期望的 CSR 信息披露的水平。因此，本章进一步地考虑外部利益相关者的作用对 CSR 信息披露的影响，在模型 4 的基础上进行调整，得到如图 5-13 所示流图。

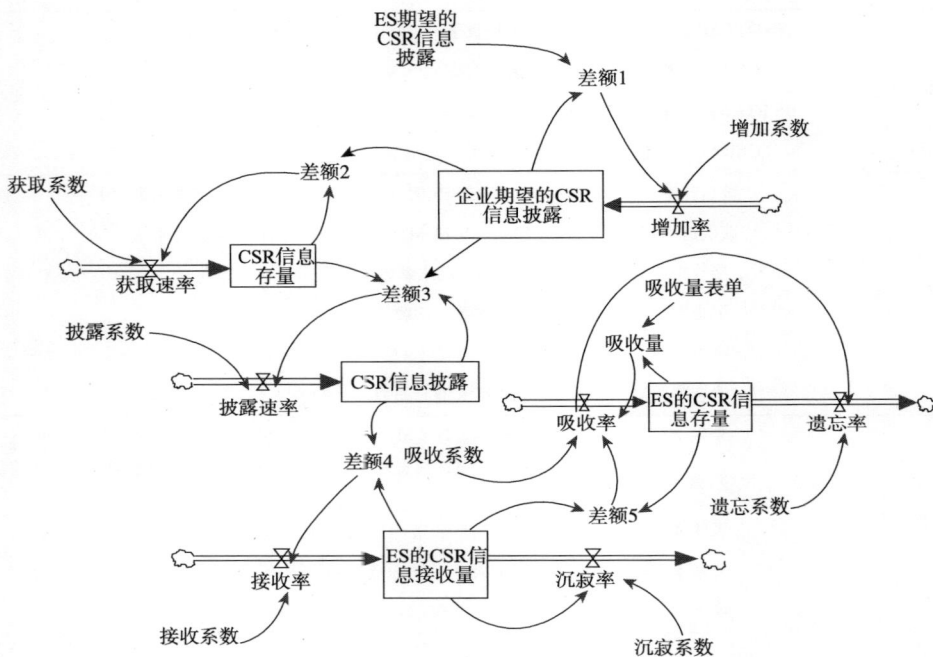

图 5-13　考虑外部利益相关者期望的 CSR 信息披露系统流图

ES 表示外部利益相关者

与模型 4 相比，模型 5 中新增的变量有：1 个速率变量（增加率）、1 个辅助变量（差额 1）、2 个常数变量（ES 期望的 CSR 信息披露和增加系数）。其中，"增加率"指的是单位时间里企业期望的 CSR 信息披露水平增加的量。"增加系数"指的是单位时间里企业期望水平的增加量占差额 1 的百分比，其大小受到企业感知的信息披露会产生的收益和成本相对大小的影响。当企业对信息披露行为的预期收益小于预期成本时，增加系数为 0，进而企业的期望值水平不会增加。图 5-13 中可以看到，外部利益相关者的期望并不总是能得到实现，而是要经过企业的判断及认可。但是，外部利益相关者可以通过收益-成本因素来影响企业的判断。

模型 5 中的基本方程如表 5-6 所示。

表 5-6 模型 5 中的基本方程

变量类型	因变量	方程
水平变量	企业期望的 CSR 信息披露	=∫增加率×t（初始值设为 100）
	ES 的 CSR 信息存量	=∫（吸收率–遗忘率）×t（初始值设为 0）
	CSR 信息披露	=∫披露速率×t（初始值设为 0）
	ES 的 CSR 信息接收量	=∫（接收率–沉寂率）×t（初始值设为 0）
	CSR 信息存量	=∫获取速率×t（初始值设为 50）
速率变量	增加率	=差额 1×增加系数
	披露速率	=IF THEN ELSE（差额 3>0，差额 3×披露系数，0）
	获取速率	=IF THEN ELSE（差额 2>0，差额 3×披露系数，0）
	接收率	=差额 4×接收系数
	沉寂率	=沉寂系数×接收率
	吸收率	=MIN（差额 5×吸收系数，接收量）
	遗忘率	=吸收率×遗忘系数
辅助变量	差额 1	=ES 期望的 CSR 信息披露–企业期望的 CSR 信息披露
	差额 2	=企业期望的 CSR 信息披露–CSR 信息存量
	差额 3	=MIN（CSR 信息存量，企业期望的 CSR 信息披露）–CSR 信息披露
	差额 4	=CSR 信息披露–ES 的 CSR 信息接收量
	差额 5	=CSR 信息接收量–ES 的 CSR 信息存量
	吸收量	=吸收量表单（ES 的 CSR 信息存量）
表函数	吸收量表单	=（0，10），（100，70），（200，106），（300，134），（400，156），（500，178），（600，192），（700，198），（800，200），（900，200），（1000，200）
决策变量	ES 期望的 CSR 信息披露	常数，初始值设置为 200
	增加系数	常数，根据研究需要进行设置
	获取系数	常数，根据研究需要进行设置
	披露系数	常数，根据研究需要进行设置
	接收系数	常数，根据研究需要进行设置
	沉寂系数	常数，根据研究需要进行设置
	吸收系数	常数，根据研究需要进行设置
	遗忘系数	常数，根据研究需要进行设置

5.3　企业社会责任信息披露的模型模拟和结果讨论

一般而言，企业都以年为单位对企业履行 CSR 状况进行披露，如发布相关的独立报告（CSR 报告、可持续发展报告、企业公民报告等），也有部分企业在年报中披露相关的 CSR 信息。虽然国内越来越多的企业开始发布 CSR 报告，但是 CSR 信息披露实践仍处于起步阶段，缺乏实质性，甚至很多企业对于是否披露 CSR 信息仍是摇摆不定。笔者所在团队连续五年对交通运输行业上市公司的 CSR 的信息披露状况进行了评价，发现很多企业连续几年的 CSR 信息披露内容多有雷同，虽内容略有丰富，但是始终"量"变，没有产生"质"的突破。因此，研究初始选取 CSR 报告的信息披露对模型进行模拟，结果图变化趋势不明显，参数设置的灵敏度极低，无法有效地分析信息披露动因的影响机制。相比之下，互联网技术的快速发展，为信息披露提供了平台，当发生突发事件时，大量事件信息在网络上迅速爆发，尤其以微博、微信等客户端作为载体使信息披露更加及时、高效，并且事件进展信息的每日更新，为本章提供了最佳的数据获取源。因此，本章以 2015 年度发生的两起大事件为例，以官方微博及百度搜索作为主要的数据来源，对所构建的 CSR 信息披露模型进行模拟分析。

5.3.1　事件背景

1. 天津塘沽大爆炸

瑞海国际物流有限公司注册资金为 1 亿元人民币，成立于 2012 年 11 月 28 日，是天津口岸危险品货物集装箱业务的大型中转、集散中心，是天津海事局指定危险货物监装场站和天津市交通运输委员会港口危险物作业许可单位，主要经营范围包括在港区内从事装卸、仓储业务经营、装卸搬运、分拨、包装、国际货运代理、集装箱存储等。

2015 年 8 月 12 日晚 23 点左右，位于天津滨海新区塘沽开发区的天津东疆保税港区瑞海国际物流有限公司所属危险品仓库发生爆炸。截至 9 月 11 日下午 3 点，共发现遇难者 165 人，8 人失联，至 12 月 10 日，依据《企业职工伤亡事故经济损失统计标准》等标准和规定统计，已核定的直接经济损失为 68.66 亿元，是一起特别重大的生产安全责任事故。2016 年 11 月 7 日至 9 日，天津港"8·12"特大爆炸事故所涉及 27 件刑事案件公开开庭审理，对上述涉及的被告单位及 24 名直接责任人员和 25 名相关职务犯罪被告人进行了公开宣判，25 名国家机关工作人员分别被以玩忽职守罪或滥用职权罪判处。该爆炸事故的发生，引起了政府各级部门的高度重视，同时得到了人民群众的广泛关注。

2. 长江客船翻沉

重庆东方轮船公司成立于 1967 年，是经营长江旅游客运的国内高级船务公司，系重庆市国有重点水运企业，拥有"东方大帝"星级涉外游轮一艘，"东方之珠""东方之星""东方王子""东方皇宫""东方皇苑"等东方系列国内豪华游轮 5 艘。公司旗下有重庆东海旅游有限公司、成都东海旅行社有限责任公司、宜昌中长海旅行社有限责任公司，其中重庆东海旅游有限公司、宜昌中长海旅行社有限责任公司近几年均在重庆和宜昌两地跻身前十强，在长江上形成庞大的东海旅业舰队。

2015 年 6 月 1 日晚，重庆东方轮船公司所属旅游客船"东方之星"游轮在由南京驶往重庆途中，在长江中游发生翻沉。截至 6 月 12 日，沉船事件共有 422 名遇难者，12 人生还，13 日起搜救工作结束。作为一起突发性灾难事件，有关事故原因、船长行为、救援方法等热点问题引发社会各方高度关注。

两起事故都引起了民众的高度关注和极高的讨论度，并且事故的发生时间相近，信息的发布及外部利益相关者对需求诉求的表达渠道、方式相同，且同样有政府的干预，但两起事件的信息披露过程却不尽相同，网友对此也有不同的评价和反馈。因此，本章选择"天津塘沽大爆炸"及"长江客船翻沉"两起事件进行对比，分析关键影响因素对 CSR 信息披露的作用机制和作用过程及事件间差异性产生的内在原因。

5.3.2　案例事件仿真

Senge 和 Forrester（1980）认为构建模型的数据可以分为三类，即数值数据、书面数据和主观数据。本章根据人民舆情频道对事件的评论和相关文献内容将模型的主观参数设定为 0~1 的合理数值，通过不断对细化子模型及动力学模型的参数估计测试，检验参数值与相关描述性和系统认知是否相符，是否与实际情况相对应。如若将现有增加系数由 0.5 调至 0.8，接收系数由 0.5 调整至 0.8，得到"天津塘沽大爆炸"事故的 CSR 信息披露走势图如图 5-14 所示，CSR 信息披露量最终约为 1 040 条，与实际情况中信息发布量达到 1 200 多条的情况略有不符，另外模拟中信息披露从第二天才开始爆发，也与实际情况不相符。经过不断纠错调试，最终确立的各系数赋值结果如表 5-7 所示。

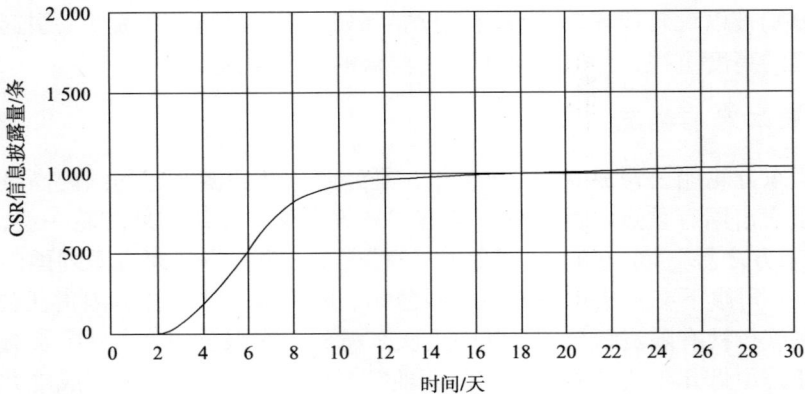

图 5-14 试错过程模拟走势图

表 5-7 系数赋值组合

变量系数	天津塘沽大爆炸	长江客轮翻沉
增加系数	0.5	0.2
获取系数	0.65	0.9
披露系数	0.45	0.95
接收系数	0.5	0.9
沉寂系数	0.2	0.1
吸收系数	0.8	0.6
遗忘系数	0.1	0.3

表 5-7 中，"8·12"天津塘沽大爆炸事故核心区现场处置工作于 2015 年 9 月 1 日全部完成，历时 21 天，长江客轮翻沉事件也在 2015 年 6 月 13 日完成了搜救工作，历时 13 天。考虑到两起事故的持续时间，本章重点讨论在事件发生 30 日内的 CSR 信息披露过程。

将上述两个案例的 CSR 信息披露过程仿真结果与其真实数据进行对比，以探讨模型的合理性，相关数据来源如表 5-8 所示。利用数据抓取软件抓取披露的 CSR 信息及百度搜索内容的文本与发布时间，通过"等于且不包含"的自定义筛选方式获得不同关键词的搜索数据结果，并进一步整合，得到最终的外部利益相关者期望以及 CSR 信息披露的相关数据。

表 5-8 数据来源

项目	事件	数据来源	关键词
外部利益相关者期望	天津塘沽大爆炸	百度搜索指数	天津塘沽大爆炸、天津港大爆炸、8·12 爆炸事故
	长江客轮翻沉	百度搜索指数	长江客轮翻沉、东方之星沉船

续表

项目	事件	数据来源	关键词
CSR 信息披露量	天津塘沽大爆炸	百度新闻、滨海发布	8·12、大爆炸、情况通报
	长江客轮翻沉	百度新闻、头条新闻	长江沉没、东方之星、客轮沉没

结合案例实际情况与软件仿真结果（图 5-15、图 5-16、表 5-9、表 5-10）可知，两起事件的 CSR 信息披露过程及在不同时间点披露的 CSR 信息量均有差异。具体分析如下。

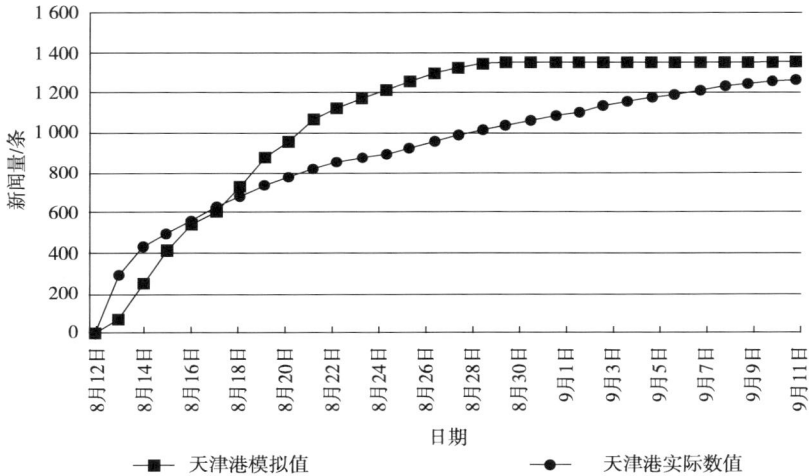

图 5-15 "天津塘沽大爆炸"仿真结果

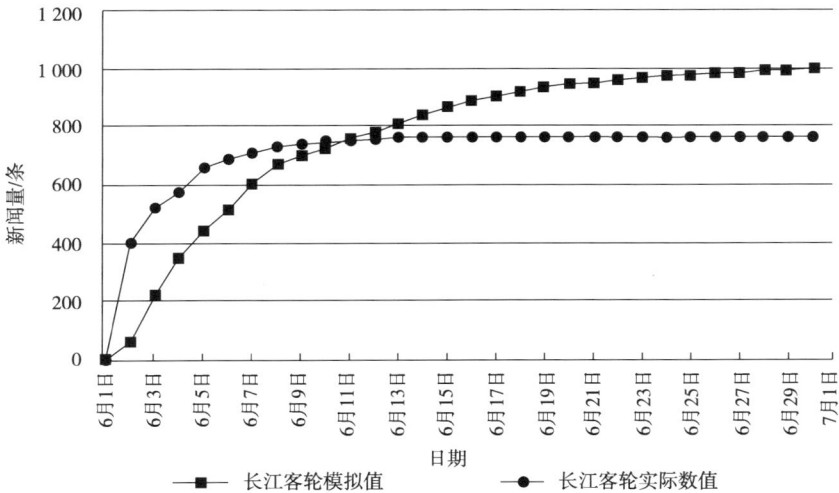

图 5-16 "长江客轮翻沉"仿真结果

表 5-9　　"天津塘沽大爆炸"仿真值与实际数值对比表

时间	8月12日	8月13日	8月14日	8月15日	8月16日	8月17日
实际数值	2	295	432	497	554	626
模拟值	0	70	248.935	411.538	545.923	607.677
时间	8月18日	8月19日	8月20日	8月21日	8月22日	8月23日
实际数值	683	736	782	819	855	878
模拟值	732.72	875.934	954.35	1 064.12	1 122.86	1 169.42
时间	8月24日	8月25日	8月26日	8月27日	8月28日	8月29日
实际数值	898	928	960	993	1 020	1 035
模拟值	1 213.82	1 257.13	1 297.13	1 321.02	1 342.46	1 352.98
时间	8月30日	8月31日	9月1日	9月2日	9月3日	9月4日
实际数值	1 063	1 085	1 109	1 134	1 155	1 178
模拟值	1 353.15	1 353.22	1 353.24	1 353.24	1 353.24	1 353.25
时间	9月5日	9月6日	9月7日	9月8日	9月9日	9月10日
实际数值	1 193	1 210	1 232	1 248	1 257	1 270
模拟值	1 353.25	1 353.25	1 353.25	1 353.25	1 353.25	1 353.25

表 5-10　　"长江客轮翻沉"仿真值与实际数值对比表

时间	6月1日	6月2日	6月3日	6月4日	6月5日	6月6日
实际数值	1.875	63.679 7	227.73	351.397	443.817	514.05
模拟值	2	403	521	581	664	692
时间	6月7日	6月8日	6月9日	6月10日	6月11日	6月12日
实际数值	603.327	672.766	709.89	729.531	758.524	783.398
模拟值	711	733	740	750	757	759
时间	6月13日	6月14日	6月15日	6月16日	6月17日	6月18日
实际数值	810.835	842.039	867.937	889.464	907.411	922.353
模拟值	763	764	764	766	767	768
时间	6月19日	6月20日	6月21日	6月22日	6月23日	6月24日
实际数值	934.84	945.396	954.437	962.094	968.797	974.758
模拟值	768	768	768	768	768	768
时间	6月25日	6月26日	6月27日	6月28日	6月29日	6月30日
实际数值	979.951	984.683	988.891	992.659	996.25	999.544
模拟值	768	768	768	768	768	768

1. "天津塘沽大爆炸"模拟结果分析

实际情况中，有关"天津塘沽大爆炸"事件的 CSR 信息披露量在初期增长速度一般，随着利益相关者对信息的期望值越来越高，官方对信息的披露量才逐渐增加，至 8 月 31 日时基本到达信息披露量的顶点（1 085 条相关信息），之后趋于平稳；在仿真结果中，CSR 信息的披露量增长速率平缓，后期披露量逐渐增多，至 8 月 29 日时基本达到信息披露量的顶点，后趋于平稳，与现实基本吻合。

2. 长江客轮翻沉模拟结果分析

实际情况中，有关"长江客轮翻沉"事件的 CSR 信息量在初期增长迅速，相关部门对事故的救援过程、伤亡人数、相关部门的参与度及事故的发生原因及时、透明地对外进行了披露，使各方利益相关者能够及时掌握事件发展进程的相关信息，消除疑虑。相关的 CSR 信息披露量在 6 月 11 日达到顶点（共 757 条相关信息），之后趋于平稳；在仿真结果中，也是前期信息披露量增长迅速，在 6 月 13 日之后逐渐趋于平稳，与真实情况的 CSR 信息披露走势基本一致。

5.3.3　仿真结果分析

本章构建了 CSR 信息披露的系统动力学模型，以"天津塘沽大爆炸"和"长江客轮翻沉"两起事件为模型仿真的基础情景，探寻 CSR 信息披露过程。此处抽取具有代表性的因素进行重点分析。

1. 预期收益-成本差异分析

在上述两起事件中，"天津塘沽大爆炸"对事故相关信息进行披露预计带来的收益与成本的差值较大，即增加系数大，表现在仿真结果中：虽然初期 CSR 信息披露增加速率不高，披露量随着时间的推移逐渐增至顶点；相比之下，"长江客轮翻沉"事件中感知到的信息披露产生的收益与成本的差额较小，即增加系数小，表现在仿真结果中即为初期 CSR 信息披露增速较快，较快地达到顶点数值，即能满足外部利益相关者多数期望之后，趋于平衡。

具体在事件情景中，"预期收益-成本差异"在 CSR 信息披露过程中发挥的作用不同。"天津塘沽大爆炸"事故发生后在互联网新媒体上快速传播，迅速成为全国性热点突发事件，仅 5 月 13 日，相关关键词的百度搜索量就达到 363 396，民众对伤亡情况、现存的危害品都有哪些及周边环境安全是否存在隐患等问题都极为关注。但是相关媒体及官方微博却多偏向于发布有关事故现场的感人故事及政府领导的指示来安抚人心，有关救援指示、物资投入等消息 15 条，另外还有数十条有关祈福、救援人员感人故事的报告。随着事件的发展，有关追责及挖掘事件真相的言论越来越多，更有甚者将不实信息四处传播，造成了较大的负面影响。此时对事故信息进行披露带来的收益要远大于封锁信息所带来的成本，为了遏制谣言的传播，企业通过官方渠道及召开新闻发布会说明或澄清事故信息，如周边空气和水的质量、爆炸所含污染物成分等；同时因为事件对社会影响较大，政府作为秩序的维护者，通过与企业的沟通调查获得信息或数据，有时以发言人的身份对事故有关信息进行披露，如民众较担心的污染物氰化钠的危害及应对方案，发布了事故现场处理方案并随时通报处理进度。

相比于"天津塘沽大爆炸"，"长江客轮翻沉"事故发生之后及时、透明地向外部利益相关者披露了相关信息，官方于事发后24小时内就公布了全部乘客名单，并且在对救援现场情况的报道中更多地对具体行动及救援细节进行了描述，同时各级政务还发送了有关气象条件、逃生技巧等相关信息，消除民众的疑虑。发布CSR信息所带来的收益与成本之差较小，推动企业及相关部门进行信息披露的力度较小，故后期信息披露增速放缓，趋于平衡。

"天津塘沽大爆炸"官方微博发布信息截取

时间	来源	信息摘要
2015-08-13 06：30	滨海发布	【习近平对天津滨海新区爆炸作出重要指示】①习近平对天津滨海新区爆炸作出重要指示，李克强对救援和应急处置工作作出批示。②初步统计，事故已致14人死亡，400余人受伤。③二次爆炸使部分救援人员仍被困
2015-08-13 07：01	滨海发布	【习近平指示：组织强有力力量搜救严肃查处责任人】事故发生后，习近平立即作出重要指示，要求天津组织强有力力量救治伤员，搜救失踪人员，尽快控制消除火情，查明原因，严肃查处事故责任人。保护救援人员安全，国务院速派工作组前往指导救灾
2015-08-13 07：07	滨海发布	【1名消防员牺牲，2名未度危险期】最新通报，截至目前，1名消防员牺牲，另有6名入院治疗，2名未度危险期，4人重症监护
2015-08-13 07：24	滨海发布	【卫计委紧急组织专家、物资开展救援】国家卫生计生委正从北京等地组织血液药品等医药物资，全面进行支援准备，组织医疗专家赶赴天津协助开展医疗救援工作
2015-08-13 09：16	滨海发布	【最新消息汇总】#情况通报#①目前，已有6名消防员牺牲，多名消防员仍失联；②因爆炸现场危化品数量内容存储不明，大火暂缓扑灭；③相关企业负责人已被控制；④北京市血液中心已做好支援天津的准备；⑤天津献血预约电话：022-25788005
2015-08-13 16：39	滨海发布	【新闻发布会开始】发布会由天津市人民政府新闻办举办。市公安消防局局长周天，滨海新区区委副书记、区长张勇，市卫计委副主任王建存，市环保局局长温武瑞出席发布会
2015-08-14 08：35	滨海发布	【刘延东看望瑞海危险品仓库爆炸事故受伤人员及家属】13日晚11时许，中央政治局委员、国务院副总理刘延东受习近平总书记、李克强总理委托，代表党中央、国务院赴津探望瑞海公司危险品仓库爆炸事故中受伤人员并慰问家属。国务委员郭声琨、国家卫生计生委李斌等参加了上述活动
2015-8-14 10：39	滨海发布	【空气、水是安全的】南开大学教授、环境专家冯银厂介绍，截止到今早9点，17个监测点监控到的数据显示，污染物、有机污染物、有毒物质、常规污染物等的检测数据目前接近正常值，完全没有问题。但现场还有未爆炸化学品，后续还会加强检测

"长江客轮翻沉"官方微博发布信息截取

时间	来源	信息
2015-06-02 09：37	新闻发布	【400 余人系从南京上船】"东方之星"号客轮曾于 5 月 27 日 6 时 50 分停靠南京五马渡码头,期间 400 多人由此上船,其中 100 多人是由上海协和国际旅行社的南京、常州、苏州等多家分公司组织上船的
2015-06-02 09：41	新闻发布	【气象部门确认沉船直接原因是龙卷风】湖北省气象局认为,此次沉船,主要是因为强对流天气造成短时强风雨,瞬时风力 12 级,通过雷达再分析,有龙卷风存在
2015-06-02 10：17	新闻发布	【沉船船底近距拍摄照片】沉船位置已确定,事故水域水深约 15 米,目前沉船船底已露出水面,沉船处已设沉船标
2015-06-02 10：57	新闻发布	【独家—长江沉船事件 12 小时核心事实】1.目前已搜救 11 人,其中 10 人生还;2.救援人员对已露出船底探索,发现生命迹象;3.沉船船底已露出水面,现场有大风暴雨,搜救困难;4.出事舶舶载客 458 人,各省人员分布情况已公布;5.湖北曾在沉船当日发布暴雨黄色预警
2015-06-02 13：47	新闻发布	【全景还原长江客船翻船事故】(新浪新闻出品)正实时播报搜救进展:"东方之星"打捞出水,愿逝者安息
2015-06-02 14：54	新闻发布	【救援信息汇总】截至 12 时 55 分,13 人已获救生还,包括 1 位 65 岁老太,另有 5 人遗体被找到。监利人民医院收救沉船乘客 9 人,其中 5 人已出院,4 位目前还在住院,除老太外均为男性,2 位已经完成第一阶段手术。目前潜水员又在沉船舱内发现 5 名乘客,正施救
2015-06-03 13：39	新闻发布	【沉船 40 小时:仍有 400 余人下落不明】①截至今天 13 时 30 分,已知成功救起 15 人,18 人遇难,仍有 400 余人下落不明。②救援兵分三路,第一路切割露出的船底,第二路潜入江底搜救,第三路沿江搜寻。③近两千人投入救援,并未破舱,目前首要是救人。④当地殡仪馆工作人员正准备大量冰棺
2015-06-03 21：04	新闻发布	【开始切割】救援人员正在对"东方之星"进行切割作业。根据现场指挥部提供的信息,救援人员将在船体底部中前部切开一个 55 厘米乘 60 厘米的长方形的口子,以便潜水员进入舱体探查。截至 19 时许,"东方之星"翻沉事件已发现 26 具遗体和 14 位幸存者

2. 信息披露策略差异分析

如图 5-13 系统流图所示,外部利益相关者的信息接收量主要受"接收系数"和"沉寂系数"影响,两起事故发生时间相近,故外部利益相关者所掌握的信息技术手段相近,信息获取的途径基本相同,而相比于"天津塘沽大爆炸"事件,"长江客轮翻沉"事故中,外部利益相关者所披露的信息的接收程度更高,屏蔽的信息更少,结合网络信息传播的相关文献,本章分别将接收系数、沉寂系数设置为 0.5、0.2 和 0.9、0.1,影响结果表现在仿真模型中如图 5-17 和图 5-18 所示。

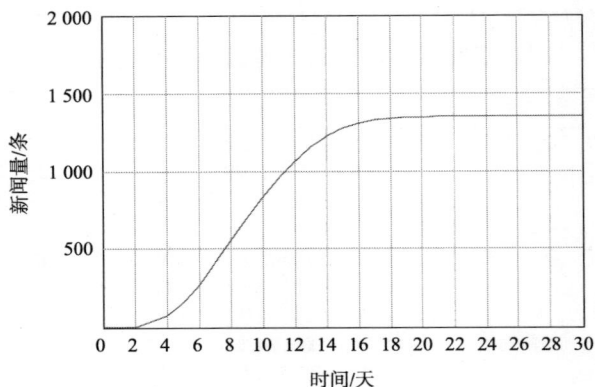

图 5-17　　"天津塘沽大爆炸"事件外部利益相关者的 CSR 信息接收量

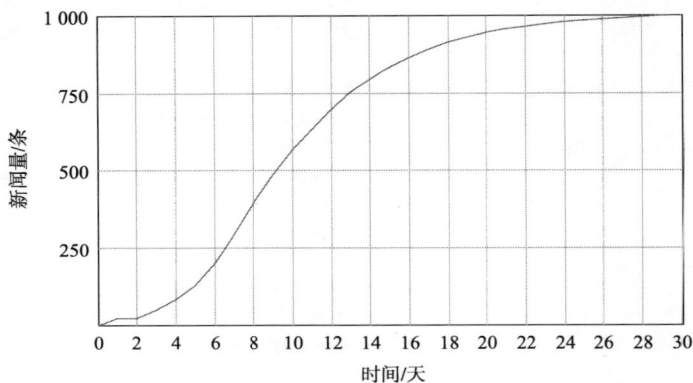

图 5-18　　"长江客轮翻沉"事件外部利益相关者的 CSR 信息接收量

在"天津塘沽大爆炸"事件发生后，如前文分析，官方披露的事故相关信息并不是外部利益相关者最迫切了解的，并且部分官方媒体对事件报道有延迟，没能充分利用所有渠道对相关信息进行披露，使外部利益相关者对信息的接收度较低，对部分不想要看到的信息选择屏蔽，如 8 月 13 日在官方微博发布的有关事故信息的评论量总数仅为 1 390 条，且评论内容多是要求当局能披露事故相关重要信息。

"长江客轮翻沉"事件在披露信息时则更加的及时和透明，各大媒体对事件进行了全方位的报道，即时、透明地通报救助、打捞及调查的相关信息，很大程度上满足了广大民众的知情权，相关的舆论猜测也得到有效控制，民众对此认可度和信任度也更高，所披露的信息都是外部利益相关者期望了解的信息，接收程度较高。

3. 外部利益相关者学习能力差异分析

如图 5-13 系统流图所示，外部利益相关者吸收的信息量受到吸收系数和遗忘系数大小的影响。"天津塘沽大爆炸"事件中外部利益相关者的学习效率也高于信息接收量较大的"长江客轮翻沉"事件，结合学习曲线特点，将吸收系数、遗忘系数分别设置为 0.8、0.1 和 0.6、0.3，相对于信息发布的数量，前者外部利益相关者最终吸收的信息量较多，表现在仿真模型中如图 5-19 和图 5-20 所示。

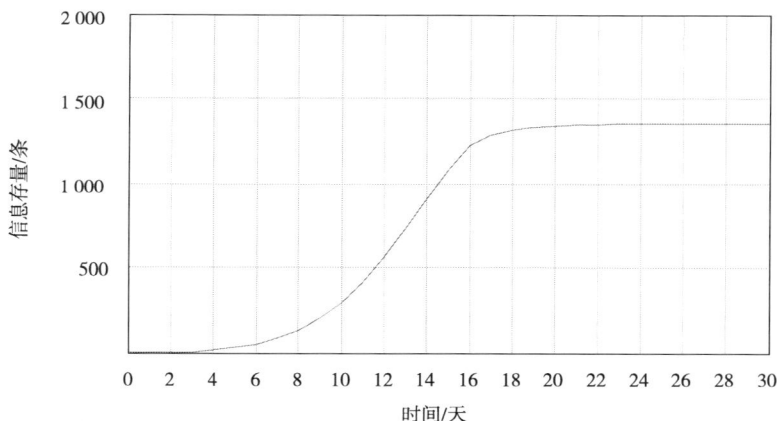

图 5-19　"天津塘沽大爆炸"事件外部利益相关者的 CSR 信息存量

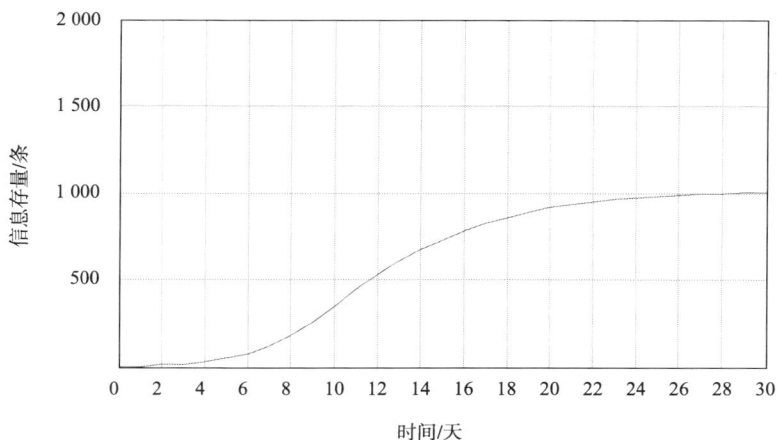

图 5-20　"长江客轮翻沉"事件外部利益相关者的 CSR 信息存量

在"长江客轮翻沉"事故后，官方在短时间内向外部利益相关者披露了大量有关事故的信息，仅 6 月 2 日一天百度新闻及官方微博发布的信息量就达 401 条，当天的相关关键词搜索次数为 33 901 次，虽然所披露的信息都是外部利益相关者期望了解的，根据学习曲线，受学习能力影响，在接收到了大量信息之后，外部利益相关者在短时间内并不能完全理解、吸收，同时面临着不断的快速信息披露，在不断接收新的信息的同时，对信息的遗忘速度也相对较快。

相反，外部利益相关者对"天津塘沽大爆炸"初期披露的信息接收度并不高，对其愿意接收的相对较少的信息的吸收速率就会较高，如 8 月 13 日的相关关键词搜索量为 363 396 次，而信息发布量仅为 295 条，并且随着对事件的逐步了解对相关信息的学习速率也会较高，并且外部利益相关者对事故相关信息的期望值不断增加，对其前期所掌握的信息的遗忘速率也会较低。

5.3.4　结论与启示

本章引入系统动力学的思想和方法，结合实际提出了企业 CSR 信息披露的概念模型，构建了 CSR 信息披露的量化模型并进行仿真，主要得出了以下结论。

第一，企业进行 CSR 信息披露有三个前提条件：首先，企业需要具有对外部利益相关者的信息优势；其次，企业及外部利益相关者对 CSR 信息存在需求；最后，只有当企业预期披露行为可能产生的收益大于成本时，才可能会进行相关的披露。

第二，对 CSR 信息披露这一行为的预期收益与成本的差值越大，企业越倾向于主动披露 CSR 信息，披露信息能够满足外部利益相关者需求时，CSR 信息的接收度就越高，但若在短时间内披露的信息量过大，外部利益相关者的信息吸收量会较低。

根据以上研究，本章认为要推动 CSR 信息披露的良性发展，需要企业和利益相关者的共同努力。本章从激励、制约和保障三个层面提出 CSR 信息披露改进建议。

1. 激励层面

本章认为，市场的激励才是真正有效的激励，要充分借助市场的力量，让企业对收益和成本的预期发挥决定性的作用。这就要求政府在干预社会经济发展的过程中要把握好尺度，不能一味地以行政压力来作为一些问题的解决方法。政府还应当采取措施杜绝特权企业的出现，力促形成公平的市场竞争环境。其他的利益相关者在进行相关决策时要坚守相关标准。很大程度上来说，利益相关者的选择倾向决定了企业行为决策的方向，利益相关者如果不重视 CSR，企业的责任动力就会大大削减。利益相关者如果丝毫不关心 CSR，企业就不太可能进行 CSR 信息的披露。相关第三方组织做好引导，甚至要积极发挥其独立性、专业性、公信力强的影响作用。作为补充，可以适当地通过道德激励，来推动 CSR 信息的披露。企业的决策说到底还是人的决策，而人是会受到某种价值认同的影响的，这就需要媒体在舆论引导方面保持健康的方向。

2. 制约层面

本章认为 CSR 信息披露的制约机制可分为直接制约和间接制约两个层面。首先，直接制约方面。国家立法机构要加紧完善相关法律法规，需要企业监管机构出台有力的管理措施，减少甚至杜绝不公平的企业竞争行为，从最底线保证市场激励作用的充分发挥。投资人或投资机构以及企业产品消费者应该建立良好的责任意识，在做出相关的投资和购买决策时，更多地以企业的责任绩效作为依据进行全面考虑，不以一时利益的获取而导致长远利益、全局利益的受损。非政府组织、公益性组织一定要当好小力量群体代言人，在权力的监督和维护方面发挥更大的作用，如可发起公益诉讼等。其次，间接制约方面。第三方机构通过相关标准和规范的制定，为企业的 CSR 实践提供标杆，为 CSR 信息披露提供指导，为利益相关者辨别 CSR 的优劣提供参照。媒体可以加大对相关责任事件的积极的、真实的、客观的报道，对企业的相关行为形成"软监督"和"软约束"。

3. 保障层面

首先，企业方面。应当加强与其他企业的联系，通过责任联盟的建立，共同探索、分享关于 CSR 发展的相关动态，及时识别 CSR 带来的竞争基调的改变，避免因认识不及时而在新的竞争环境下处于劣势。要积极支持有关 CSR 发展的第三方组织，适时、适当地将信息披露的工作"外包"出去，这样既可以降低披露的成本，也可以提高其可信性和有效性。推动建立完善的沟通机制，及时掌握外部利益相关者的信息需求动态，力争达成有针对性的、适量的信息披露，减少信息冗余现象，提高信息披露效率。积极开展、配合对公众的责任教育和引导。其次，政府方面。落实责任教育，提高全民的责任意识，引导全民进行自我思考，从源头上推动 CSR 信息的披露。让企业离开政府的温床，在公平的竞争环境下，更加实际地去感受、判断、适应 CSR 带来的机会与威胁，从自身的实际需要考虑，把握参与 CSR 信息披露的力度。不仅要发挥法律法规的制约作用，还要通过法律法规的建立，为公平的竞争提供保障，为监督和舆论传播提供支持。

相比于企业日常的社会责任行为的信息，突发性事件的网络信息资料更容易获取，故在本章中仅选取突发性事件进行模型模拟分析，但本模型同样适用于日常活动的信息披露问题研究，在未来的研究中，将长期跟踪企业数据进行分析。另外，本章构建的 CSR 信息披露的系统动力学模型没有充分考虑利益相关者的信息需求反馈对企业进行 CSR 信息披露决策的影响，对变量的设置亦有改进空间，在未来的研究中将进一步完善模型，提高准确性和适用性。

参 考 文 献

蔡林. 2008. 系统动力学在可持续发展研究中的应用[M]. 北京：中国环境科学出版社.

蔡宁，沈奇泰松，潘松挺. 2009. 外部压力对企业社会绩效影响的机理与实证研究：新制度主义的视角[J]. 经济社会体制比较，（4）：163-170.

曹好顺，杨肖鸳. 2004. 虚拟企业中的知识传播[J]. 商业研究，（14）：70-72.

曹华林，胡铁，张馨. 2010. 基于共生理论企业社会责任战略研究[J]. 前沿，5：95-97.

陈爽英，井润田，刘德山. 2012. 企业战略性社会责任过程机制的案例研究——以四川宏达集团为例[J]. 管理案例研究与评论，5（3）：146-156.

成桂芳，宁宣熙. 2005. 基于隐性知识传播的虚拟企业知识协作网络研究[J]. 科技进步与对策，22（9）：25-27.

程艳霞，吴应良. 2005. 隐性知识传播模型及共享体系研究[J]. 情报杂志，24（8）：16-17.

崔丽. 2013. 当代中国企业社会责任研究[D]. 长春：吉林大学博士学位论文.

崔秀梅. 2009. 企业发布社会责任报告影响因素的研究——来自中国上市公司 2008 年的经验证据[J]. 南京农业大学学报（社会科学版），9（4）：40-46.

崔秀梅，刘静. 2009. 市场化进程、最终控制性质与企业社会责任——来自中国沪市上市公司的经验证据[J]. 软科学，23（1）：30-38.

戴艳军，李伟侠. 2014. 企业价值决策的伦理基础探赜[J]. 大连理工大学学报（社会科学版），35（1）：48-51.

德鲁克 P. 2009. 管理使命、责任、实务（实务篇）[M]. 王永贵译. 北京：机械工业出版社.

德普雷 C，肖维尔 D. 2004. 知识管理的现在与未来[M]. 刘庆林译. 北京：人民邮电出版社.

董伊人. 2010. 企业社会责任对消费者忠诚的影响：自我构建与信息属性的交互作用[J]. 南京社会科学，（5）：27-33.

付强，刘益. 2013. 基于技术创新的企业社会责任对绩效影响研究[J]. 科学学研究，31（3）：463-468.

高敬忠，周晓苏. 2008. 经营业绩、终极控制人性质与企业社会责任履行度——基于我国上市公司 1999-2006 年面板数据的检验[J]. 财经论坛（浙江财经大学学报），140（6）：63-69.

葛建华，王利平. 2011. 多维环境规制下的组织目标及组织形态演变——基于中国长江三峡集团公司的案例研究[J]. 南开管理评论，14（5）：12-23.

郭小燕. 2005. 网络环境下知识信息传播的特点[J]. 渭南师范学院学报（综合版），20（5）：93-94.

郝琴，陈元桥. 2013. 国内外企业社会责任评价对比分析[J]. 中国市场，（35）：26-33.

何丽梅，侯涛. 2010. 环境绩效信息披露及其影响因素实证研究——来自我国上市公司社会责任报告的经验证据[J]. 中国人口·资源与环境，20（8）：99-104.

胡超. 2010. 投资者信息需求与公司信息披露成本的关系研究——基于粤传媒投资者关系的案

例[D]. 广州：中山大学硕士学位论文.

黄聪. 2015. 基于利益相关者视角的企业社会责任报告信息披露研究——以中石油为例[J]. 商业会计，（22）：67-69.

黄芳铭. 2005. 结构方程模式：理论与应用[M]. 北京：中国税务出版社.

黄群慧. 2014. "新常态"、工业化后期与工业增长行动力[J]. 中国工业经济，10：5-19.

黄群慧，彭华岗，钟宏武，等. 2009. 中国 100 强企业社会责任发展状况评价[J]. 中国工业经济，23（10）：23-35.

惠东坡. 2004. 超文本语境下的知识传播[J]. 北京联合大学学报（人文社会科学版），（3）：20-24.

贾生华，陈宏辉. 2002. 利益相关者的界定方法述评[J]. 外国经济与管理，5：13-18.

金立印. 2006. 企业社会责任运动测评指标体系实证研究——消费者视角[J]. 中国工业经济，20（6）：114-120.

匡海波，等. 2015. 交通运输行业企业社会责任发展报告[M]. 北京：人民交通出版社.

兰自英. 2005. 论知识传播手段的不断创新[J]. 重庆交通学院学报（社会科学版），5（1）：96-97.

黎友焕. 2007. 企业社会责任研究[D]. 西安：西北大学博士学位论文.

黎友焕，刘延平. 2011. 中国企业社会责任建设蓝皮书[M]. 北京：人民出版社.

李彬，吴凤，曹书乐. 2009. 大众传播学[M]. 北京：清华大学出版社.

李彬，谷慧敏，高伟. 2011. 制度压力如何影响企业社会责任：基于旅游企业的实证研究[J]. 南开管理评论，（6）：67-75.

李诗田. 2009. 合法性、代理冲突与社会责任信息披露[D]. 广州：暨南大学博士学位论文.

李伟阳，肖红军. 2011. 企业社会责任的逻辑[J]. 中国工业经济，（10）：87-97.

李文，杨静. 2007. 壳牌：企业社会责任实践的领跑者——壳牌 CSR 理念与实践案例分析[J]. WTO 经济导刊，（10）：55-57.

李旭. 2009. 社会系统动力学——政策研究的原理、方法和应用[M]. 上海：复旦大学出版社.

李艳华，凌文辁. 2006. 世界企业社会责任研究与实践概述[J]. 技术经济与管理研究，13（1）：17-19.

李正. 2006. 企业社会责任信息披露影响因素实证研究[J]. 特区经济，211（8）：324-325.

林渝晟，林晓军，李超. 2005. 利用合作机制促进隐性知识的传播[J]. 价值工程，24（12）：92-93.

凌兰兰. 2009. 上市公司社会责任报告披露问题研究[D]. 合肥：合肥工业大学博士学位论文.

刘凤军，李敬强，李辉. 2012. 企业社会责任与品牌影响力关系的实证研究[J]. 中国软科学，（1）：116-132.

刘俊海. 1999. 公司的社会责任[M]. 北京：法律出版社.

龙文滨，宋献中. 2014. 行业特征与企业社会责任的价值相关性——基于行业竞争视角的研究[C]. 中国会计学会环境资源会计专业委员会学术年会论文集.

卢代富. 2002. 企业社会责任的经济学与法学分析[M]. 北京：法律出版社.

马龙龙. 2011. 企业社会责任对消费者购买意愿的影响机制研究[J]. 管理世界，27（5）：244-248.

买生，匡海波，张笑楠. 2012. 基于科学发展观的企业社会责任评价模型及实证[J]. 科研管理，33（3）：148-154.

孟晓俊，肖作平，曲佳莉. 2010. 企业社会责任信息披露与资本成本的互动关系——基于信息不对称视角的一个分析框架[J]. 会计研究，（9）：25-29.

倪延年. 1999. 知识传播学[M]. 南京：南京师范大学出版社.

倪延年. 2000. 论知识传播[J]. 江苏图书馆学报，4（10）：10-14.

欧阳润平，宁亚春. 2009. 西方企业社会责任战略管理相关研究述评[J]. 湖南大学学报（社会科学版），23（2）：48-52.

彭雪蓉，刘洋. 2015. 战略性企业社会责任与竞争优势：过程机制与权变条件[J]. 管理评论，

27（7）：156-167.

齐丽云，魏婷婷. 2013. 基于 ISO26000 的企业社会责任绩效评价模型研究[J]. 科研管理，34（3）：84-92.

齐丽云，汪克夷，张芳芳，等. 2008. 企业内部知识传播的系统动力学模型研究[J]. 管理科学，21（6）：9-20.

钱瑜. 2013. 企业社会责任和企业绩效的典型相关分析——基于利益相关者视角[J]. 企业经济，33（3）：79-82.

裘丽娅，徐植. 2006. 企业社会责任会计信息披露体系的构建——基于会计信息披露现状的分析[J]. 技术经济，（10）：118-121.

沈洪涛. 2010. 公司社会责任和环境会计的目标与理论基础——国外研究综述[J]. 会计研究，3：86-92.

孙冉. 2005. 论知识传播的生态模式[J]. 现代情报，25（5）：62-64.

谭深，刘开明. 2003. 跨国公司的社会责任与中国社会[M]. 北京：社会科学文献出版社.

唐松华. 2000. 企业会计政策选择的经济学分析——必然性·影响因素·立场[J]. 会计研究，3：18-23.

陶文杰，金占明. 2012. 企业社会责任信息披露、媒体关注度与企业财务绩效关系研究[J]. 管理学报，9（8）：1225-1232.

田虹，姜雨峰. 2014. 网络媒体企业社会责任评价研究[J]. 吉林大学社会科学学报，54（1）：150-158.

田玉晶. 2008. 用户信息需求研究综述[J]. 情报探索，12：6-8.

万里霜. 2008. "管理层讨论与分析"的环境信息披露情况调查——来自我国上交所 A 股上市公司的初步证据[J]. 生态经济（中文版），（1）：89-91.

王国华，方付建，陈强. 2011. 网络谣言传导：过程、动因与根源——以地震谣言为例[J]. 北京理工大学学报（社会科学版），13（2）：112-116.

王其藩. 1994. 系统动力学[M]. 北京：清华大学出版社.

王倩倩. 2013. 组织合法性视角下的企业自愿性社会责任信息披露研究[D]. 沈阳：辽宁大学博士学位论文.

王清刚，李琼. 2015. 企业社会责任价值创造机理与实证检验——基于供应链视角[J]. 宏观经济研究，（1）：116-127.

王霞，徐晓东，王宸. 2013. 共压力、社会声誉、内部治理与企业环境信息披露——来自中国制造业上市公司的证据[J]. 南开管理评论，16（2）：82-91.

王振江. 1988. 系统动力学引论[M]. 上海：上海科学技术文献出版社.

王众托. 1984. 系统工程引论[M]. 北京：电子工业出版社.

魏江. 2000. 知识特征和企业知识管理[J]. 科研管理，21（3）：6-10.

魏婷婷. 2014. 公司治理结构对企业社会责任信息披露影响的研究[D]. 大连：大连理工大学硕士学位论文.

吴定玉. 2013. 供应链企业社会责任管理研究[J]. 中国软科学，2：55-63.

肖红军，许英杰. 2014. 企业社会责任评价模式的反思与重构[J]. 经济管理，（9）：67-78.

辛杰. 2008. 社会责任驱动因素研究——以山东家企业调查为例[J]. 预测，（6）：6-11.

辛杰. 2009. 利益相关者视角下的企业社会责任研究——以山东省 1400 家企业问卷调查为例[J]. 山东大学学报（哲学社会科学版），（1）：120-126.

徐尚昆，杨汝岱. 2009. 中国企业社会责任及其对企业社会资本影响的实证研究[J]. 中国软科学，（11）：119-128.

杨春芳. 2009. 中国企业社会责任影响因素实证研究[J]. 经济学家，1（1）：66-76.

杨芳玲. 2005. 对知识经济下网络传播的思考[J]. 特区经济，（4）：100-101.

杨皖苏，杨善林. 2016. 中国情境下企业社会责任与财务绩效关系的实证研究——基于大、中小型上市公司的对比分析[J]. 中国管理科学，24（1）：143-150.

叶昕，邹珊刚. 2002. 跨国企业的知识流及其管理[J]. 外国经济与管理，24（12）：20-23.

殷格非，李伟阳，吴福顺. 2007. 中国企业社会责任发展的阶段分析[J]. WTO 经济导刊，（1）：98-102.

尹开国，刘小芹，陈华东. 2014. 基于内生性的企业社会责任与财务绩效关系研究——来自中国上市公司的经验证据[J]. 中国软科学，（6）：98-108.

于洪彦，黄晓治，曹鑫. 2015. 企业社会责任与企业绩效关系中企业社会资本的调节作用[J]. 管理评论，27（1）：169.

余晓敏. 2007. 跨国公司行为守则与中国外资企业劳工标准——一项"跨国-国家-地方"分析框架下的实证研究[J]. 社会学研究，（5）：111-132.

袁红，吴明明. 2011. 用户信息需求的马太效应及实证分析[J]. 情报科学，（5）：747-751.

袁家方. 1990. 企业社会责任[M]. 北京：海洋出版社.

袁裕辉. 2012. 供应链核心企业社会责任研究——以复杂网络理论为视角[J]. 经济与管理，26（7）：53-57.

翟华云. 2010. 预算软约束下外部融资需求对企业社会责任披露的影响[J]. 中国人口·资源与环境，20（9）：107-113.

张国生. 2004. 公共受托责任与政府财务报告[J]. 财会月刊，（24）：6-8.

张力波，韩玉启，陈杰，等. 2005. 供应链管理的系统动力学研究综述[J]. 系统工程，23（6）：8-15.

张倩，何姝霖，时小贺. 2015. 企业社会责任对员工组织认同的影响——基于 CSR 归因调节的中介作用模型[J]. 管理评论，27（2）：111-119.

张维迎，柯荣住. 2002. 信任及其解释：来自中国的跨省调查分析[J]. 经济研究，（10）：59-70，96.

张旭，宋超，孙亚玲. 2010. 企业社会责任与竞争力关系的实证分析[J]. 科研管理，31（3）：149-157.

张正勇，吉利，毛洪涛. 2012. 公司社会责任信息披露与经济动机研究——来自中国上市公司社会责任报告的经验证据[J]. 证券市场导报，（7）：16-23.

赵笑一. 2006. 企业内部的知识传播研究[D]. 大连：大连理工大学硕士学位论文.

郑海东. 2007. 企业社会责任行为表现：测量维度、影响因素及对企业绩效的影响[D]. 杭州：浙江大学博士学位论文.

郑若娟. 2006. 西方企业社会责任理论研究进展——基于概念演进的视角[J]. 国外社会科学，（2）：34-39.

钟宏武. 2010. 政府与企业社会责任——国际经验与中国实践[M]. 北京：经济管理出版社.

钟宏武，魏紫川，张蒽，等. 2012. 中国企业社会责任报告白皮书[M]. 北京：经济管理出版社.

周祖城，张漪杰. 2007. 企业社会责任相对水平与消费者购买意向关系的实证研究[J]. 中国工业经济，（9）：111-118.

朱峰. 2013. 基于信息传播学的建筑表皮设计研究[D]. 合肥：合肥工业大学硕士学位论文.

Ahire S L, Golhar D Y, Waller M A. 1996. Development and validation of TQM implementation constructs[J]. Decision Sciences, 27（1）：23-56.

Airapetyan R G, Zhidkov E P, Shakhbagyan R L. 2000. The transfer of knowledge and the retention of expertise: the continuing need for global assignments[J]. Journal of Knowledge Management, 4（2）：125-137.

Akhtaruddin M, Hossain M A, Hossain M, et al. 2009. Corporate governance and voluntary disclosure in corporate annual reports of Malaysian listed firms[J]. Journal of Applied Management

Accounting Research, 7 (1): 1.

Albino V, Garavelli A C, Schiuma G. 1998. Knowledge transfer and inter-firm relationships in industrial districts: the role of the leader firm[J]. Technovation, 19 (1) : 53-63.

Alkhafaji A F. 1989. A Stakeholder Approach to Corporate Governance: Managing in a Dynamic Environment[M]. New York: Praeger Pub Text.

Angus-Leppan T, Metcalf L, Benn S. 2010. Leadership styles and CSR practice: an examination of sensemaking, institutional drivers and CSR leadership[J]. Journal of Business Ethics, 93 (2): 189-213.

Ansoff H I. 1965. Corporate Strategy: An Analytic Proach to Business Policy for Growth and Expansion[M]. New York: McGraw-Hill.

Argote L, Ingram P, Levine J M, et al. 2000. Knowledge transfer in organizations: learning from the experience of others[J]. Organizational Behavior and Human Decision Processes, 82 (1) : 1-8.

Arlow P. 1991. Personal characteristics in college students' evaluations of business ethics and corporate social responsibility[J]. Journal of Business Ethics, 10 (1) : 63-69.

Aupperle K E, Carroll A B, Hatfield J D. 1985. An empirical examination of the relationship between corporate social responsibility and profitability[J]. Academy of Management Journal, 28 (2) : 446-463.

Bagozzi R P, Yi Y. 1988. On the evaluation of structural equation models[J]. Journal of the Academy of Marketing Science, 16 (1) : 74-94.

Bai C, Sarkis J. 2010. Green supplier development: analytical evaluation using rough set theory[J]. Journal of Cleaner Production, 18 (12) : 1200-1210.

Barkemeyer R. 2007. Legitimacy as a key driver and determinant of CSR in developing countries[J]. Paper for the 2007 Marie Curie Summer School on Earth System Governance, 28 may-06 June 2007, Amsterdam.

Basu K, Palazzo G. 2008. Corporate social responsibility: a process model of sensemaking[J]. Academy of Management Review, 33 (1) : 122-136.

Bhattacharya C B, Sen S. 2004. Doing better at doing good: when, why, and how consumers respond to corporate social initiatives[J]. California Management Review, 47 (1) : 9-24.

Black L D, Härtel C E J. 2004. The five capabilities of socially responsible companies[J]. Journal of Public Affairs, 4 (2): 125-144.

Bowen H R. 1953. Social Responsibility of the Businessman[M]. New York: Harper.

Brady F N. 1985. A janus-headed model of ethical theory: looking two ways at business/society issues[J]. Academy of Management Review, 10 (3) : 568-576.

Brammer S, Pavelin S. 2008. Factors influencing the quality of corporate environmental disclosure[J]. Business Strategy and the Environment, 17 (2) : 120-136.

Brenner S N, Cochran P. 1991. The stakeholder theory of the firm: implications for business and society theory and research[J]. Proceeding of the International Association for Business and Society, 2: 897-933.

Bundy J, Shropshire C, Buchholtz A K. 2013. Strategic cognition and issue salience: toward an explanation of firm responsiveness to stakeholder concerns[J]. Academy of Management Review, 38 (3): 352-376.

Burke L, Logsdon J M. 1996. How corporate social responsibility pays off[J]. Long Range Planning, 29 (4) : 495-502.

Campbell D, Beck A C. 2004. Answering allegations: the use of the corporate website for restorative ethical and social disclosure[J]. Business Ethics：A European Review，13（2~3）：100-116.

Campbell J L. 2007. Why would corporations behave in socially responsible ways? An institutional theory of corporate social responsibility[J]. Academy of Management Review，32（3）：948-967.

Carroll A B. 1979. A three-dimensional conceptual model of corporate performance[J]. Academy of Management Review，4（4）：497-505.

Carroll A B. 1991. The pyramid of corporate social responsibility：toward the moral management of organizational stakeholders[J]. Business Horizons，34（4）：39-48.

Cavusgil S T，Calantone R J，Zhao Y. 2003. Tacit knowledge transfer and firm innovation capability[J]. Journal of Business & Industrial Marketing，18（1）：6-21.

Chaidaroon S. 2015. When sense making is unequal to sense giving：a case of skepticism against mcdonald's csr initiatives by organic food eating parents in singapore[J]. ACR Asia-Pacific Advances，11：70-76.

Chen C J P，Jaggi B. 2001. Association between independent non-executive directors，family control and financial disclosures in Hong Kong[J]. Journal of Accounting and Public Policy，19（4）：285-310.

Clarkson M B E. 1995. A stakeholder framework for analyzing and evaluating corporate social performance[J]. Academy of Management Review，20（1）：92-117.

Cochran P L. 2007. The evolution of corporate social responsibility[J]. Business Horizons，50：449-454.

Cohen J R，Holder-Webb L L. 2006. Rethinking the influence of agency theory in the accounting academy[J]. Issues in Accounting Education，21（1）：17-30.

Cohen W M，Levinthal D A. 1990. Absorptive capacity：a new perspective on learning and innovation[J]. Administrative Science Quarterly，35（1）：128-152.

Cooper R W，Frank G L，Kemp R A. 1997. Ethical issues，helps and challenges. Perceptions of members of the chartered Institute of Purchasing and Supply[J]. European Journal of Purchasing and Supply Management，3（4）：189-198.

Cornell B，Shapiro A C. 1987. Corporate stakeholders and corporate finance[J]. Financial Management，16（1）：5-14.

Daniel T，Machael N. 2014. The harmonization and convergence of corporate social responsibility reporting standards[J]. Journal of Business Ethics，125：147-162.

Davis D，MacDonald J B. 2010. Improving the promotion of CSR initiatives：a framework for understanding stakeholder communications from a dynamic learning perspective[J]. Academy of Marketing Studies Journal，14（2）：77.

Davis K. 1960. Can business afford to ignore social responsibility[J]. California Management Review，2（3）：70-76.

Davis K. 1967. Understanding the social responsibility puzzle：what does the businessman owe to society?[J]. Business Horizons，（10）：45-50.

Deegan C. 2002. The legitimising effect of social and environmental disclosures-a theoretical foundation[J]. Accounting，Auditing and Accountability Journal，15（3）：282-311.

Dhaliwal D，Li O，Tsang A，et al. 2011. Voluntary nonfinancial disclosure and the cost of equity capital：the initiation of corporate social responsibility reporting[J]. The Accounting Review，86（1）：59-100.

Donaldson T，Preston L E. 1995. The stakeholder theory of the corporation：concepts，evidence，and implications[J]. Academy of Management Review，20（1）：65-91.

Dou Y, Zhu Q, Sarkis J. 2014. Evaluating green supplier development programs with a grey-analytical network process-based methodology[J]. European Journal of Operational Research, 233 (2): 420-431.

Dowling J, Pfeffer J. 1975. Organizational legitimacy: social values and organizational behavior[J]. Pacific Sociological Review, 18 (1): 122-136.

Dummett K. 2006. Drivers for corporate environmental responsibility (CER) [J]. Environment, Development and Sustainability, 8 (3): 375-389.

Eisenhardt K M, Graebner M E. 2007. Theory building from cases: opportunities and challenges[J]. Academy of Management Journal, 50 (1): 25-32.

Elkington J. 1998. Partnerships from cannibals with forks: the triple bolton line of 21st-century business[J]. Environmental Quality Management, 8 (1): 37-51.

Eng L L, Mak Y T. 2003. Corporate governance and voluntary disclosure[J]. Journal of Accounting and Public Policy, 22 (4): 325-345.

Epstein M J, Freedman M. 1994. Social disclosure and the individual investor[J]. Accounting, Auditing & Accountability Journal, 7 (4): 94-109.

Fabian T, Coopers P. 2000. Supply chain management in an era of social and environment accountability[J]. Sustainable Development International, 2: 27-30.

Fama E F, Jensen M C. 1983. Agency problems and residual claims[J]. The Journal of Law and Economics, 26 (2): 327-349.

Fernandes K J, Raja V. 2002. A practical knowledge transfer system: a case study[J]. Work Study, 51 (3): 140-148.

Fombrun C, Shanley M. 1990. What's in a name? Reputation building and corporate strategy[J]. Academy of Management Journal, 33 (2): 233-258.

Fornell C, Larcker D F. 1981. Structural equation models with unobservable variables and measurement error: algebra and statistics[J]. Journal of Marketing Research, 18 (1): 39-50.

Frederick W C. 1960. The growing concern over business responsibility[J]. California Management Review, 2 (4): 54-61.

Frederick W C. 1994. From CSR1 to CSR2: the maturing of business-and-society[J]. Business Society, (33): 150-164.

Freeman R E. 1983. Strategic management: a stakeholder approach[J]. Advances in Strategic Management, 1 (1): 31-60.

Freeman R E. 1999. Divergent stakeholder theory[J]. Academy of Management Review, 24 (2): 233-236.

Freeman R E, Reed D L. 1983. Stockholders and stakeholders: a new perspective on corporate governance[J]. California Management Review, 25 (3): 88-106.

Friedman M. 1962. Capital and Freedom[M]. Chicago: University of Chicago Press.

Friedman M. 1970. The social responsibility of business is to increase its profits[J]. The New York Times Magazine, (12): 46-47.

Frooman J. 1999. Stakeholder influence strategies[J]. Academy of Management Review, 24 (2): 191-205.

Galbreath J. 2009. Building corporate social responsibility into strategy[J]. European Business Review, 21 (2): 109-127.

Gallo M A. 2004. The family business and its social responsibilities[J]. Family Business Review, 17 (2): 135-149.

Garavelli A C, Gorgoglione M, Scozzi B. 2002. Managing knowledge transfer by knowledge technologies[J]. Technovation, 22（5）：269-279.

Ghazali N A M. 2007. Ownership structure and corporate social responsibility disclosure：some Malaysian evidence[J]. Corporate Governance：The International Journal of Business in Society, 7（3）：251-266.

Gilbert M, Cordey-Hayes M. 1996. Understanding the process of knowledge transfer to achieve successful technological innovation[J]. Technovation, 16（6）：301-312.

Gioia D A, Thomas J B. 1996. Identity, image, and issue interpretation：sensemaking during strategic change in academia[J]. Administrative Science Quarterly, 41（3）：370-403.

Given N K. 1995. Sensemaking in Organizations[M]. Thousand Oaks：Sage.

Gjølberg M. 2009. Measuring the immeasurable?：Constructing an index of CSR practices and CSR performance in 20 countries[J]. Scandinavian Journal of Management, 25（1）：10-22.

Goebel P, Reuter C, Pibernik R, et al. 2012. The influence of ethical culture on supplier selection in the context of sustainable sourcing[J]. International Journal Production Economics, 140（1）：7-17.

Goh S C. 2002. Managing effective knowledge transfer：an integrative framework and some practice implications[J]. Journal of Knowledge Management, 6（1）：23-30.

Golob U, Podnar K. 2014. Critical points of CSR-related stakeholder dialogue in practice[J]. Business Ethics：A European Review, 23（3）：248-257.

Goss A, Roberts G S. 2011. The impact of corporate social responsibility on the cost of bank loans[J]. Journal of Banking and Finance, 35（7）：1794-1810.

Graafland J, van de Ven B. 2006. Strategic and moral motivation for corporate social responsibility[J]. Journal of Corporate Citizenship, （22）：111-123.

Gray R, Kouhy R, Lavers S. 1995. Corporate social and environmental reporting：a review of the literature and a longitudinal study of UK disclosure[J]. Accounting, Auditing & Accountability Journal, 8（2）：47-77.

Gray R, Javad M, Power D M, et al. 2001. Social and environmental disclosure and corporate characteristics：a research note and extension[J]. Journal of Business Finance and Accounting, 28（3~4）：327-356.

GRI. 2015-06-09. Global Reporting Initiative. www.globalreporting.org.

Griffin P A, Sun Y. 2013. Strange bedfellows？ Voluntary corporate social responsibility disclosure and politics [J]. Accounting and Finance, 53：867-903.

Guay T, Doh J P, Sinclair G. 2004. Non-governmental organizations, shareholder activism, and socially responsible investments：ethical, strategic, and governance implications[J]. Journal of Business Ethics, 52（1）：125-139.

Haaland A T, Vogel P A, Launes G, et al. 2011. The role of early maladaptive schemas in predicting exposure and response prevention outcome for obsessive-compulsive disorder[J]. Behaviour Research and Therapy, 49（11）：781-788.

Haniffa R M, Cooke T E. 2005. The impact of culture and governance on corporate social reporting[J]. Journal of Accounting and Public policy, 24（5）：391-430.

Harjoto M A, Jo H. 2015. Legal vs. normative CSR：differential impact on analyst dispersion, stock return volatility, cost of capital, and firm value[J]. Journal of Business Ethics, 128（1）：1-20.

Healy P M, Hutton A P, Paleup K G. 1999. Stock performance and intermediation changes surrounding sustained increases in disclosure[J]. Contemporary Accounting Research, 16（3）：485-520.

Henderson D, 2005. Turning point: the role of business in the world today[J]. Journal of Corporate Citizenship, 1（17）: 30-32.

Hill C W, Jones T M. 1992. Stakeholder-agency theory[J]. Journal of Management Studies, 29（2）: 131-154.

Hoejmose S U, Roehrich J K, Grosvold J. 2014. Is doing more doing better? The relationship between responsible supply chain management and corporate reputation[J]. Industrial Marketing Management, 43（1）: 77-90.

Huang C L, Kung F H. 2010. Drivers of environmental disclosure and stakeholder expectation: evidence from Taiwan[J]. Journal of Business Ethics, 96（3）: 435-451.

Hummels H, Karssing E. 2000. Ethiek organiseren[A]//Jeurissen R. Bedrijfsethiek Een Goede Zaak[C]. Assen: Van Gorcum: 196-224.

Humphry H. 2011. Directors' roles in corporate social responsibility: a stakeholder perspective[J]. Journal of Business Ethics, 103（3）: 385-402.

Husted B W, Allen D B. 2007. Strategic corporate social responsibility and value creation among large firms: lessons from the Spanish experience[J]. Long Range Planning, 40（6）: 594-610.

Hybels R C. 1995. On legitimacy, legitimation, and organizations: a critical review and integrative theoretical model[C]. Academy of Management Annual Meeting Proceedings.

Ingram R W, Frazier K B. 1983. Narrative disclosures in annual reports[J]. Journal of Business Research, 11（1）: 49-60.

Islam M A, Deegan C. 2010. Media pressures and corporate disclosure of social responsibility performance information: a study of two global clothing and sports retail companies[J]. Accounting and Business Research, 40（2）: 131-148.

Jenkins H, Yakovleva N. 2006. Corporate social responsibility in the mining industry: exploring trends in social and environmental disclosure[J]. Journal of Cleaner Production, 14（3~4）: 271-284.

Jensen M C, Meckling W H. 1976. Theory of the firm: managerial behavior, agency costs and ownership structure[J]. Journal of Financial Economics, 3（4）: 305-360.

Jo H, Harjoto M A. 2012. The causal effect of corporate governance on corporate social responsibility[J]. Journal of Business Ethics, 106（1）: 53-72.

Kakabadse N K, Kakabadse A, Kouzmin A. 2003. Reviewing the knowledge management literature: towards a taxonomy[J]. Journal of Knowledge Management, 7（4）: 75-91.

Kaytaz M, Gul M C. 2013. Corporate social responsibility in the Turkish banking industry and the current economic crisis[J]. American Society of Business and Behavioral Sciences Proceedings, 20（1）: 155.

Kotler P, Lee N. 2008. Corporate Social Responsibility: Doing the Most Good for Your Company and Your Cause[M]. Hoboken: John Wiley & Sons.

Lang M H, Lundholm R J. 1996. Corporate disclosure policy and analyst behavior[J]. Accounting Review, 71（4）: 467-493.

Lasswell H D. 1948. The prospects of cooperation in a bipolar world[J]. University of Chicago Law Review, 15（4）: 877-901.

Leonard-Barton D. 1992. Core capabilities and core rigidities: a paradox in managing new product development[J]. Strategic Management Journal, 13（S1）: 111-125.

Lindblom C K. 1994. The implications of organizational legitimacy for corporate social performance and disclosure[C]. Critical Perspectives on Accounting Conference, New York: 120.

Livesey S M. 2002. The discourse of the middle ground citizen shell commits to sustainable development[J]. Management Communication Quarterly, 15（3）: 313-349.

Lysons K, Farrington B. 2003. Purchasing and Supply Chain Management[M]. London: Cengage Learning.

Magness V. 2006. Strategic posture, financial performance and environmental disclosure: an empirical test of legitimacy theory[J]. Accounting, Auditing & Accountability Journal, 19（4）: 540-563.

Major E, Cordey-Hayes M. 2000. Knowledge translation: a new perspective on knowledge transfer and foresight[J]. Foresight, 2（4）: 411-423.

Maletzke G. 1963. Psychologie der Massen Kommunikation: Theorie und Systematik[M]. Verlag: H. Bredow-lnst.

McCabe D M. 2000. Global labor and worksite standards: a strategic ethical analysis of shareholder employee relations[J]. Journal of Business Ethics, 23（1）: 101-111.

McGuire J W. 1963. Business and Society[M]. New York: McGraw-Hill Companies.

Meyer J W, Rowan B. 1977. Institutionalized organizations: formal structure as myth and ceremony[J]. The American Journal of Sociology, 83: 340-363.

Mills D L, Gardner M J. 1984. Financial profiles and the disclosure of expenditures for socially responsible purposes[J]. Journal of Business Research, 12（4）: 407-424.

Mirvis P H. 2000. Transformation at shell: commerce and citizenship[J]. Business and Society Review, 105（1）: 63-84.

Mitchell R K, Agle B R, Wood D J. 1997. Toward a theory of stakeholder identification and salience: defining the principle of who and what really counts[J]. Academy of Management Review, 22（4）: 853-886.

Myers S C, Majluf N. 1984. Corporate financing and investment decisions when firms have information that investors do not have[J]. Social Science Electronic Publishing, 13: 187-222.

Neale A. 1997. Organisational learning in contested environments: lessons from Brent Spar[J]. Business Strategy and the Environment, 6（2）: 93-103.

Neu D, Warsame H, Pedwell K. 1998. Managing public impressions: environmental disclosures in annual reports[J]. Accounting, Organizations and Society, 23（3）: 265-282.

Nonaka I, Toyama R, Konno N. 2000. SECI, ba and leadership: a unified model of dynamic knowledge creation[J]. Long Range Planning, 33（1）: 5-34.

North D C, 1994. Economic performance through time[J]. The American Economic Review, 84（3）: 359-368.

Öberseder M, Schlegelmilch B B, Murphy P E, et al. 2014. Consumers' perceptions of corporate social responsibility: scale development and validation[J]. Journal of Business Ethics, 124（1）: 101-115.

O'Donovan G. 2002. Environmental disclosures in the annual report: extending the applicability and predictive power of legitimacy theory[J]. Accounting, Auditing & Accountability Journal, 15（3）: 344-371.

O'Dwyer B. 2002. Managerial perceptions of corporate social disclosure: an Irish story[J]. Accounting, Auditing & Accountability Journal, 15（3）: 406-436.

O'Dwyer B, Unerman J, Hession E. 2005. User needs in sustainability reporting: perspectives of stakeholders in Ireland[J]. European Accounting Review, 14（4）: 759-787.

Orlitzky M, Schmidt F L, Rynes S L. 2003. Corporate social and financial performance: a meta-analysis[J]. Organization Studies, 24（3）: 403-441.

Palepu K, Healy P M. 2003. How the quest for efficiency undermined the market[J]. Harvard Business

Review, 81（7）: 76-85.

Patten D M. 1991. Exposure, legitimacy, and social disclosure[J]. Journal of Accounting and Public Policy, 10（4）: 297-308.

Patten D M. 2002. The relation between environmental performance and environmental disclosure: a research note[J]. Accounting, Organizations and Society, 27（8）: 763-773.

Pérez A, Bosque I R D. 2013. Measuring CSR image: three studies to develop and to validate a reliable measurement tool[J]. Journal of Business Ethics, 118（2）: 265-286.

Poist R F. 1989. Evolution of conceptual approaches to the design of logistics systems: a sequel[J]. Transportation Journal, 28（3）: 35-39.

Porter M E. 1980. Competitive Strategy: Techniques for Analyzing Industries and Competitors[M]. New York: Simon and Schuster.

Porter M E, Kramer M R. 2002. The competitive advantage of corporate philanthropy[J]. Harvard Business Review, 80（12）: 56-68.

Porter M, Kramer M R. 2006. Strategy & Society: the link between competitive advantage and corporate social responsibility[J]. Harward Business Review, 84（12）: 78-92.

Prencipe A. 2004. Proprietary costs and determinants of voluntary segment disclosure: evidence from Italian listed companies[J]. European Accounting Review, 13（2）: 319-340.

Priston L E, Post J E. 1975. Private Management and Public Policy: The Principle of Public Responsibility[M]. Englewood Cliffs: Prentice-Hall.

Richardson A J, Welker M. 2001. Social disclosure, financial disclosure and the cost of equity capital[J]. Accounting, Organization and Society, 26（7~8）: 597-616.

Roberts G E. 1992. Linkages between performance appraisal system effectiveness and rater and ratee acceptance[J]. Review of Public Personnel Administration, 12（3）: 19-41.

Ronald K, Mitchell D W. 1997. Toward a theory of stakeholder identification and salience: defining the principle of who and what really count?[J]. Academy of Management Review, 22（4）: 853-886.

Salam M A. 2009. Retracted article: corporate social responsibility in purchasing and supply chain[J]. Journal of Business Ethics, 85: 355-370.

Santoro M D, Gopalakrishnan S. 2000. The institutionalization of knowledge transfer activities within industry-university collaborative ventures[J]. Journal of Engineering and Technology Management, 17（3）: 299-319.

Scholtens B. 2006. Finance as a driver of corporate social responsibility[J]. Journal of Business Ethics, 68（1）: 19-33.

Schouten E M J, Remmé J. 2006. Making sense of corporate social responsibility in international business: experiences from shell[J]. Business Ethics: A European Review, 15（4）: 365-379.

Schultz F, Wehmeier S. 2010. Institutionalization of CSR within corporate communications. Combining institutional, sensemaking and communication perspectives[J]. Corporate Communications: An International Journal, 15（1）: 9-29.

Schwartz M S, Carroll A B. 2003. Corporate social responsibility: a three-domain approach[J]. Business Ethics Quarterly, 13（4）: 503-530.

Schwartz M S, Carroll A B. 2008. Integrating and unifying competing and complementary frameworks[J]. Business & Society, 47（2）: 148-186.

Senge P M, Forrester J W. 1980. Tests for building confidence in system dynamics models[J]. System Dynamics, TIMS Studies in Management Sciences, 14: 209-228.

Servaes H，Tamayo A. 2013. The impact of corporate social responsibility on firm value：the role of customer awareness[J]. Management Science，59（5）：1045-1061.

Sethi S P. 1975. Dimensions of corporate social performance：an analytical framework[J]. California Management Review，17（3）：58-64.

Shariq S Z. 1999. How does knowledge transform as it is transferred? Speculations on the possibility of a cognitive theory of knowledgescapes[J]. Journal of Knowledge Management, 3（4）:243-251.

Simonin B L. 1999. Ambiguity and the process of knowledge transfer in strategic alliances[J]. Strategic Management Journal，20（7）：595-623.

Slaughter R A. 1996. The knowledge base of futures studies as an evolving process[J]. Futures，28（9）：799-812.

Sparkes R，Cowton C J. 2004. The maturing of socially responsible investment：a review of the developing link with corporate social responsibility[J]. Journal of Business Ethics，52（1）:45-57.

Steurer R，Konrad A. 2009. Business-society relations in Central-Eastern and Western Europe：how those who lead in sustainability reporting bridge the gap in corporate （social）responsibility[J]. Scandinavian Journal of Management，25（1）：23-36.

Strand R. 2013. The chief officer of corporate social responsibility：a study of its presence in top management teams[J]. Journal of Business Ethics，112（4）:721-734.

Suchman M C. 1995. Managing legitimacy：strategic and institutional approaches[J]. Academy of Management Review，20（3）：571-610.

Swanson D L. 1995. Addressing a theoretical problem by reorienting the corporate social performance model[J]. Academy of Management Review，20（1）：43-60.

Swanson D L. 1999. Toward an integrative theory of business and society：a research strategy for corporate social performance[J]. The Academy of Management Review，24（3）:506-531.

Syed-Ikhsan S O S，Rowland F. 2004. Knowledge management in a public organization：a study on the relationship between organizational elements and the performance of knowledge transfer[J]. Journal of Knowledge Management，8（2）：95-111.

Szulanski G. 1996. Exploring internal stickiness：impediments to the transfer of best practice within the firm[J]. Strategic Management Journal，17（S2）：27-43.

Tilt C A. 1994. The influence of external pressure groups on corporate social disclosure，some empirical evidence[J]. Accounting，Auditing and Accountability Journal，7（4）：47-73.

Trotman K T，Bradley G W. 1981. Associations between social responsibility disclosure and characteristics of companies[J]. Accounting，Organizations and Society，6（4）：355-362.

Trott P，Cordey-Hayes M，Seaton R A F. 1995. Inward technology transfer as an interactive process[J]. Technovation，15（1）：25-43.

Tschopp D，Nastanski M. 2014. The harmonization and convergence of corporate social responsibility reporting standards[J]. Journal of Business Ethics，125（1）：147-162.

Turker D. 2009a. Measuring corporate social responsibility：a scale development study[J]. Journal of Business Ethics，85（4）：411-427.

Turker D. 2009b. How corporate social responsibility influences organizational commitment[J]. Journal of Business Ethics，89（2）:189-204.

Ullmann A. 1985. Data in search of a theory：a critical examination of the relationships among social performance，social disclosure，and economic performance of US firms[J]. Academy of Management Review，10（3）:540-557.

Urbaniak M. 2015. The role of the concept of corporate social responsibility in building relationships and in the supply chain[J]. LogForum, 11（2）: 199-205.

van de Ven B, Graafland J J. 2006. Strategic and moral motivation for corporate social responsibility[J]. Mpra Paper, 22（20278）: 111-123.

van der Angela H, Driessen P P J, Cramer J M. 2010. Making sense of corporate social responsibility: exploring organizational processes and strategies[J]. Journal of Cleaner Production, 18（18）: 1787-1796.

van der Smith J L, Adhikari A, Tondkar R H, et al. 2010. The impact of corporate social disclosure on investment behavior: a cross-national study[J]. Journal of Accounting and Public Policy, 29（2）: 177-192.

Verrecchia R. 2001. Essays on disclosure[J]. Journal of Accounting and Economics, 32（1~3）: 97-180.

Wagner R, Eichhorn M, Breitbarth T. 2013. Sensemaking and sensegiving: corporate social responsibility and internal communications[J]. Bucharest University of Economic Studies, 44-45.

Walden R, Cordeiro A, Tiburcio A F. 1997. Polyamines: small molecules triggering pathways in plant growth and development[J]. Plant Physiology, 113（4）: 1009.

Waller D S, Lanis R. 2009. Corporate social responsibility disclosure of advertising agencies[J]. Journal of Advertising, 38（1）: 109-121.

Wallich H C, Morse C J, Patel I G. 1972. The Monetary Crisis of 1971: The Lessons to Be Learned[M]. Columbia: Sweden Per Jacobsson Foundation.

Wartick S L, Cochran P L. 1985. The evolution of the corporate social performance model[J]. Academy of Management Review, 10（4）: 758-769.

Weber K, Glynn M A. 2006. Making sense with institutions: context, thought and action in Karl Weick's theory[J]. Organization Studies, 27（11）: 1639-1660.

Weick K E. 1993. The collapse of sensemaking in organizations: the mann gulch disaster[J]. Administrative Science Quarterly, 38（4）: 628-652.

Weick K E. 1995. Sensemaking in Organizations[M]. London: Sage.

Weick K E. 2009. Enacting an environment: the infrastructure of organizing[A]//Weick K W. Making Sense of the Organization: The Impermanent Organization[C]. New York: Wiley: 184.

Wei-Skillern J. 2004. The evolution of Shell's stakeholder approach: a case study[J]. Business Ethics Quarterly, 14（4）: 713-728.

Winston M. 2002. NGO strategies for promoting corporate social responsibility[J]. Ethics & International Affairs, 16（1）: 71-87.

Wood D J. 1991. Corporate social performance revisited[J]. Academy of Management Review, 16（4）: 691-718.

Zahra S A, George G. 2002. Absorptive capacity: a review, reconceptualization, and extension[J]. Academy of Management Review, 27（2）: 185-203.

Zhang J Q, Zhu H, Ding H B. 2013. Board composition and corporate social responsibility: an empirical investigation in the post sarbanes-oxley era[J]. Journal of Business Ethics, 114（3）: 381-392.